演说中国系列

Speech without boundaries

演说无界限

擅长演说的企业家，企业发展都不会太差

徐保国 ◎ 著

海峡出版发行集团 | 鹭江出版社
THE STRAITS PUBLISHING & DISTRIBUTING GROUP | LUJIANG PUBLISHING HOUSE

2016 · 厦门

图书在版编目（CIP）数据

演说无界限 / 徐保国著 .—厦门：鹭江出版社，2016.3

ISBN 978-7-5459-1105-3

Ⅰ. ①演… Ⅱ. ①徐… Ⅲ. ①演讲－语言艺术 Ⅳ. ①H019

中国版本图书馆 CIP 数据核字（2016）第 007497 号

YANSHUO WU JIEXIAN

演说无界限

徐保国　著

出版发行：海峡出版发行集团
　　　　　鹭　江　出　版　社

地　　址：厦门市湖明路 22 号　　邮政编码：361004

印　　刷：北京嘉业印刷厂

地　　址：北京市大兴区黄村镇李村北京嘉业印刷厂　邮政编码：100000

开　　本：880mm × 1230mm　1/32

印　　张：7.5

字　　数：108 千字

版　　次：2016 年 3 月第 1 版　2016 年 3 月第 1 次印刷

书　　号：ISBN 978-7-5459-1105-3

定　　价：35.00 元

推荐序

亲爱的读者朋友，恭喜你与本书结缘，因为你拿到的是一本有实战实用性，而又绝对物超所值的书，它将为你搭建一座通向成功演说的天梯，为你实现人生梦想助力加油！

很久以来，演说一直是我的一个心结，或者叫方向。首先，作为一名讲师，就是要在讲台上不停地演说，靠嘴巴吃饭。一年 365 天，我至少有 300 天都是在讲台上度过的，最多的时候一天讲过三场；其次，我也一直与演说结缘，从最初主讲“魅力口才”的课程，到担任CCTV《赢在中国》栏目的评委，再到在实践家教育集团做36强讲师遴选，最后在各种论坛上与中国千千万万企业家的交流，我都在不停地释放演说能量！伟贤一直有一个梦想——为更多的国人插上演说的翅膀，让每一个国人都能用演说实现自我强大，用演说实现中国梦想！无论你是学生、普通职员、高管、企业老板，都希望你能张开嘴巴去说，脚踏实地去做，用演说释放自己的能量，用演说去实现梦想！

直到2013年，我的这个梦想加速实现！我遇到一个年轻人——徐保国。保国是我的学生，也是我团队里的骨干，更是一名非常厉害的实战演说家。进入实践家以来，他东奔西走到处授课，不停地开设“演说中国”的课程，走南闯北到处宣讲，不断传播演说的声音，吸引了大量社会精英，尤其是一些企业家朋友走进课堂，接受演说的训练，也给彼此以能量！到目前为止，“演说中国”已经成为实践家的爆款课程，更是国内难得的实战类演说课程。在实践家平台上，有太多的学员挤着要上这个课程，价格超低，老师超厉害，内容超有效。所以我要说，“演说中国”是你一辈子至少要来学一次的课程。

如果你还没有学过“演说中国”课程，那么，这本书你一定要好好地研读一下。因为它既是作者13年演说经历的实战总结，也是“演说中国”课程的精华所在。

演说的目的总结起来就是十二个字：使人知，令人信，动人情，促人行。而这也是本书的提纲挈领。“使人知”，教你克服紧张、自信表达，打造演说气场，学会轻松控场，巧妙互动；“令人信”，教你快速梳理思路，设计演说内容，学会即兴演说；“动人情”，一步步地教你讲故事、讲好故事，更重要的是塑造自己的故事，然后去卖故事；“促人行”部分最实用，会议营销、项目路演、企业招聘、团队建设，这些企业经常用到的演说场合，本书也详细讲到，并给出实战的方法。

通观全书，可以说非常系统，非常实用，从心态打造到内容设计，从演说形象塑造到演说技巧应用，从演说气场打造到商务演说运用，任何演说都脱离不了本书的框架。本书的每一个演说技巧都是作者演说经验的实战总结，每一个案例都是作者演说现场的画面回放，绝非纸上谈兵。所以这本书绝对是你系统学习演说技巧的绝佳教材！

各位读者朋友，最后我要说，善用就

是资产，善用才有价值！这本书我已仔细看过。你拿到手里也千万不要错过。尤其是做营销、做管理、做企业的朋友，演说是你的核心能力，一定要用好本书，增强自己的演说能力。我们一起用演说强大自我，用演说实现中国梦想！

林伟贤

目录

上篇 磨刀不误砍柴工

——打造你专属的演说武器

你有演说焦虑症吗？听众还在抱怨你的演讲索然无味吗？你想拥有如奥巴马一般雄辩的口才，瞬间抓住听众的心吗？演说的内涵：语言便是你的力量，技巧即是你的绝佳武器。

第一章　高效演说与呈现技巧

克服紧张，自信表达 / 6

三招克服紧张情绪 / 7

舞台不会拒绝你八次 / 12

上台前放松情绪的三大诀窍 / 15

塑造演说者的强大气场 / 18
练习令人着迷的好声音 / 19
包装专业的演说形象 / 27
呈现高效的演说内容 / 37
轻松控场，与观众巧妙互动 / 38
目光控场法 / 39
声音控场法 / 39
动作控场法 / 40
内容控场法 / 41
互动控场法 / 41
魅力演说的最高境界 / 43

颠覆常规逻辑，找寻思维发散的关键点。优秀的企业家该如何有效应对突如其来的即兴演讲？单靠内容是王道？九宫格助你思路清晰，传递演说的力量。

第二章　思路清晰，演说更具说服力

梳理演说思路的好工具——九宫格 / 49

九宫格的灵活运用 / 53

巧用九宫格，找准核心价值观 / 56

呈现思路清晰的演说内容 / 58

演说内容的概括性 / 59

设计开场与收尾的方法与技巧 / 68

为什么每次演讲都面露尴尬？没内容、没故事；有故事，不会讲。传播企业品牌的好故事该如何讲？王石、奥巴马、马云，看企业大咖、政界精英是如何凭借讲故事走向成功的。

第三章　讲出扣人心弦的好故事

故事讲不好，也会尴尬 / 78
没有故事怎么办 / 81
故事没有新意怎么办 / 82
好故事应该这样讲 / 89
紧扣主题，成就好故事 / 97
打造自己的神奇故事 / 106

下篇 利刃出鞘震三军

——演说实战大演练

在竞争激烈的商业社会，传统会销的立足点在哪里？会销成交的速度如何提升？披露完美项目路演的亮点，巧用几大法则瞬间秒杀投资人。

第四章　企业营销必备的好口才

会议营销应该这样做 / 122

激发顾客的购买欲望 / 123

让新客户成为老客户 / 128

会议营销的细节把握 / 135

会议营销重在成交 / 138

呈现一场完美的项目路演 / 142

路演 PPT 不是那么容易 / 144

秒杀投资人的诀窍 / 151

在人才战争中，何为企业的人才资源？本章将教你轻松构建优势企业；挖掘员工的痛点，及时遏制错误动向；定位企业领导者的职责，多角度凝聚团队核心价值观。

第五章　构建强势企业：用语言来打动人心

留住适合企业的最佳员工 / 159
发现员工的痛点 / 160
从求职阶段开始沟通 / 162
企业管理中的演说能力 / 164
企业家必备的五大口才 / 165
与下属沟通的技巧 / 168
凝聚团队力量 / 170
统一核心价值观 / 171
学会说服 / 172
信任与赞美员工 / 176
善于鼓舞团队士气 / 183

什么是企业资源整合的手段？新产品传播企业价值的捷径在哪里？如何用演说的力量为企业揽获资源。招商会与产品发布会助企业轻松搞定以上难题。

第六章　好口才带来好生意

企业资源杠杆：招商演说 / 195

“说”出你的优势 / 195

挖掘客户的痛点 / 197

呈现完美的演说 / 198

高效的产品发布会 / 208

发布会的演说流程 / 209

不可不学的苹果发布会 / 214

后记 / 219

上篇　磨刀不误砍柴工

——打造你专属的演说武器

第一章　高效演说与呈现技巧

第二章　思路清晰，演说更具说服力

第三章　讲出扣人心弦的好故事

第一章

高效演说与呈现技巧

在古代，人们已经对演说口才颇为重视。《文心雕龙·论说》中曾提到：一人之辩，重于九鼎之宝；三寸之舌，强于百万之师。发展至现代，著名作家老舍先生说：“我们最好的思想，最深厚的感情，需要被最美妙的语言表达出来。若是表达不出，谁能知道那思想与感情怎样好呢？这是无可分离的、统一的东西。”可见，无论在何时，演说都是人们生活中密不可分的一部分。

丘吉尔曾说：“一个人可以面对多少人，就代表这个人的人生成就有多大。”演说是人们发挥个人影响力的必备要素，它不仅可以向听众传递出演说者的个人魅力，还可以让更多人了解演说者的思想与观点，甚至可以为企业吸纳源源不断的资金。

然而，成为一名优秀的演说者并不是一蹴而就的，还需要长期的积累与磨炼，最终克服重重困难走向成功。而古希腊著名雄辩家德摩斯梯尼恰恰用实际行动印证了这一点。

德摩斯梯尼天生患有口吃，发出的声音微弱，还伴有耸肩的坏毛病。在人们眼中，他根本不具备一名优秀演说家的先天条件。因为，在当时的雅典，一位优秀的演说家必须要具备以下条件：洪亮的嗓音，清晰地吐字，优美的演说姿势，超群的辩才。

然而，德摩斯梯尼却与这一切先天优势无缘。这导致了他最早的演说极其不成功，由于发音不清，论证不强，多次被听众轰下讲台。为此，德摩斯梯尼进行了一段刻苦的学习与训练。为成为一名卓越的雄辩家，德摩斯梯尼付出了比常人多百倍的努力。

为了改进自己的发音，他将小石子含在嘴里，不断地朗读，迎着大风和波涛讲话；为了改掉自己气短的毛病，他一边在陡峭的山路上攀登，一边不停地诵诗；为了增强自己的自信心，他在家里面安装了一面大镜子，每天起早贪黑地面对镜子练习演说；为了改掉说话时耸肩的坏毛病，他在自己的双肩各悬挂了一柄剑；为了避免外界的打扰，他为自己剃了一个阴阳头，以便能安心躲起来练习演说。

通过多年的刻苦练习，德摩斯梯尼最终成为了雅典极具雄辩能力的演说家。他用多年的刻苦与坚持证明了：后天的努力一样可以弥补先天的不足。

克服紧张，自信表达

紧张、焦虑是演说者在演说前经常面临的问题。调查显示：大多数人在上台演说时都会有紧张情绪，还有少部分人甚至不愿意登上讲台。所以，紧张是演说过程中一种常见的现象。很多优秀的演说者之所以不受紧张情绪的影响，主要有两方面原因：第一，演说者经历了多次演说，可以游刃有余地控制整场演说。第二，演说者对自身演说的内容非常熟悉，熟能生巧，可以轻松地完成演说。

那么，演说者在演说过程中该如何克服紧张情绪，实现高效演说呢？

三招克服紧张情绪

善用“7-21-90 法则”

克服紧张情绪相当于形成一种新的演说习惯，这种新习惯可以让演说者在演说过程中充满自信。调查显示：一个人形成新习惯需要 3 个周期，分别为 1—7 天、7—21 天、21—90 天，该方法又称为“7-21-90 法则”。如：一个人在 7 天内可强化自己形成一种习惯，此阶段为刻意、不自然阶段。以教师为例，由坐着讲课变为站着讲课，在这一阶段，习惯还不能被固定化。发展至 7—21 天，为刻意、自然阶段。该阶段是强化习惯的关键时期。在这一阶段，习惯可以变成一种固定化的模式。发展至 21—90 天，体现为不刻意、自然阶段。这一阶段不需要人们进行有意识地行为控制，习惯便会自然形成。

7-21-90 法则向我们传达出一个理念：人的习惯并不是无法改变的。只要经过不断地锻炼与实践，便可以成功形成一个新习惯，而打破演说紧张情绪的难题便可以采用这种方法。

面临演说紧张的情绪，演说者要克服内心的心理障碍，敢于登上讲台。因为在讲台上，演说者会不断发现自身存在的演说问题。例如：演说内容不够充足，语言表达不够精彩，听众互动不够热烈，紧张得忘词等。这些问题都是演说者紧张的根源。

在 7-21-90 法则中，1—7 天是演说者熟悉演说环境的基础阶段。即让自己熟悉演说的环境，适应陌生的人群，建立起自己在演说过程中的舒适圈，逐渐克服紧张情绪。在这一阶段最好的锻炼方法就是：不要错过任何演说的机会，不要过分关注别人对自己的看法，积极地站上讲台，勇敢地展示自己。

7—21 天是演说者形成不紧张习惯的重要阶段。因为演说是一个循序渐进的过程，更是一个发现并解决问题的过程。在每次演说结束后，演说者可以与听众交流，有效地记录听众的反馈，及时地改正问题，这样便会慢慢地克服自己的紧张情绪。

21—90 天为培养演说者演说自信的阶段。这里的自信体现为演说者的个人魅力，即如何用个人的演说魅力征服听众。它包括优秀的演说内容、强大的个人气场以及巧妙的互动等，在后续内容中会一一解答。

积极的心理暗示

作为一名演说者，用积极的心理暗示将自己的紧张情绪淡化，是通向演说成功之路的捷径。那么，什么是积极的心理暗示呢？作为乒乓球界的神话，邓亚萍在打乒乓球时，每打出一个好球就会高喊“yes”，并将手臂弯曲，做出一个加油的手势。许多运动员在踢足球时也有自己取得成功后表达喜悦的姿势。他们之所以这样做，是因为这种动作可以与好球的概念建立一种链接，同样的方法也可以转化到演说中。

如果演说者勇敢地走上舞台，第一次演说非常成功，听众为他鼓掌，给予他热情的拥抱。八次演说后依旧重复这种状态，演说者将会爱上这个舞台，因为现场的氛围给了他一个积极的信号，暗示他会成功。

那么，演说者该如何给自己积极的心理暗示呢？它可以是一个“yes”口号，可以是“拍脑袋、拍屁股”的手势。曾经有一名学习演说的学员对我说：“徐老师，上完三天课，我印象最深的就是拍屁股的动作。因为在三天的时间里，我真的按照你说的方法，每次上台前做拍屁股的手势，我发现这样上台讲得比较自信。”

所以，演说者在头脑中要植入一种正能量：每次上台要做一个激励自己的动作，不断上台，不断给自己正能量，这样就会离成功越来越近。

然而，也会有一些误用积极心理暗示的做法，例如，在心里暗示自己：我一点都不紧张！我一点都不紧张！其实这是一种消极的心理暗示。因为我们的潜意识只会接受词语，但是并不会判断词语的属性与好坏。当演说者对自己说“我一定不紧张”时，其实潜意识是无法进行自我辨别的。所以，越是这样，演说者便会越紧张，因为他在思想上已经不断强化自己的紧张感了。比如：有人说，请你闭上眼睛，想象你走在一条街道上，这条街道比较空旷，突然从胡同里跑出一群猫。但是你千万不要想象，这一群猫里面有一只白色的猫。当你睁开眼时，你很可能看到那只白色的猫。二者是同样的原理。

转移紧张情绪

在紧张情绪下，演说者要努力做到“心中有数，目中无人”，将紧张压力进行有效转移。某著名演说家为了训练自己在不紧张的情绪下，展示自己的幽默感，便想象台下的所有听众都是他的崇拜者，以此来减少自己在演说过程中的紧张感。所以，在演说中构思一个令自己愉悦的画面，有效地转移紧张情绪，是非常重要的。

但转移紧张情绪最根本的实质还是要不断地上台训练，这是演说者驾驭紧张唯一的好方法，过多的道理都无法消除演说者在演说过程中的紧张情绪。只有在实践中不断积累成功的演说经验，那么，当你再次登上舞台的时候，你的紧张情绪便会随之减少。因为演说的模式已经融入你的意识中，根深蒂固了。

舞台不会拒绝你八次

紧张是一种正常的现象。它有正能量与负能量之分。紧张是可以被驾驭和转化的。如果能够有效地驾驭紧张情绪，紧张就会转化为一种正能量。它能够激发你的灵感，让你焕发激情；而如果不能有效驾驭紧张，紧张就会为你带来很多压力，形成一定的情绪反应。紧张的情绪反应包括：双脚发麻、双腿发木、心跳加速、口干舌燥、大脑空白，严重者会出现小便失禁等现象。

那么，如何才能成功驾驭紧张的情绪呢？我们在实践中发现：在演说过程中，要想彻底驾驭紧张情绪，最终的方法只有一个，就是不断地走上舞台。因为任何能力的提升都要通过大量的实践。其实，一名演说者如果能够连续八次实现成功演说，就能比较好地驾驭紧张，我们把这种方法称为“舞台不会拒绝你八次”。但请记住，并非成功八次就能完全地驾驭紧张，还需后续不断地强化、练习。

那么，何为成功的演说？即演说前无压力，演说中有掌声，演说后有鲜花、拥抱和赞美。其实演说紧张有一个非常重要的原因，即在以往演说的过程中拥有失败的经历。这种失败的经历造成演说者对演说心存恐惧，进而导致演说者在演说过程中极度紧张，我们把这种现象称为“心魔”。演说者要想去除心魔，只能用足够多的成功经验来化解，所以八次只是一个概数，可以让演说者进入一个相对不紧张的状态。只有多次成功登台的经验，才会帮助演说者成功建立起自信，化解紧张情绪。

然而，演说者如何利用多次演说来化解紧张情绪呢？对于大部分演说者而言，演说时紧张主要源于两大问题：第一，对演说内容的准备不够充分；第二，过于专注成功的结果。多次演说恰恰可以有效解决这两个问题。

对于演说新手而言，在很多情况下，由于缺少演说的实战经验，经常会无法自如地应对演说中出现的突发状况，最终导致在遇到问题时心生紧张。

多次演说可看作是演说者对演说经验的一种积累。无论是在演说内容层面，还是在演说结果层面，演说者都会对自身存在的问题有更深入的认识，最终在不断改进问题的过程中，成就全新的自己。

当演说者的经验越丰富，就越能够在演说中发挥自己的力量，从而在演说中不断为自己赢得自信，最终完成一场漂亮的演说。

美国当代著名演说家莱斯·布朗先生曾在演说方面，凭借不懈地努力，取得了成功。当有人询问他成功的秘诀时，莱斯·布朗指了指长在左耳上的一个厚茧，说道："我初涉演说界时，一没名气，二没资历，更缺乏个人魅力和经验。可我决心要在这个行业里干出点儿名堂来，不达目的决不罢休。于是，我一天到晚给人打电话，每天至少打 100 多通电话，请求别人给我机会，让我到他们那里演讲。"

日积月累，莱斯·布朗凭借着多次演说获得了越来越多的演说经验，自信心也一步步地建立起来，最终突破了自己，赢得了成功。

上台前放松情绪的三大诀窍

1-4-2 呼吸法

当演说者处于极度紧张的状态时，练气可以有效地舒缓演说者的情绪。这种练气方法叫作“1-4-2 呼吸法”，即“吸气 1 秒钟，停 4 秒钟，吐气 2 秒钟”。当你即将上台，感觉极度紧张时，可以找个安静的地方，闭目连续使用 5 遍“1-4-2 呼吸法”，就会让自己紧绷的情绪舒缓下来。还可以采用“正向叹气法”。例如：哎！今天天气真好！当叹完一口气后，头脑中立刻想象一个正向的事物，给自己积极的情绪暗示。

面部表情减压法

很多演说者在上台之前，因为情绪极度紧张，往往会无法控制地出现面部抽搐现象。以下方法可以有效帮助演说者舒缓面部紧张的情况。

第一个步骤，搓脸。在上台演说之前，如果感觉自己面部比较僵硬，可以找个安静的地方搓脸。让手心变热，搓动脸部肌肉。如果感觉效果不明显，可以打一打、拍一拍脸部。

第二个步骤，弹唇。用舌头轻弹嘴唇内侧，来回反复，使口腔内侧的肌肉呈放松状态。

第三个步骤，松下巴。微微张开嘴巴，轻轻甩动头部。要记住松下巴时，目光千万不要注视着下巴，摇头时间不要过长，要控制在5秒钟以内，避免出现头部眩晕感。

第四个步骤，瘪唇。将舌头顶住腮部内侧，左腮顶一次、右腮顶一次，循环往复。

第五个步骤，绕舌。将舌头在嘴唇一周绕360度，松弛口腔。

第六个步骤，做鬼脸。将嘴巴张大，大到无法再大的时候，做一个鬼脸，锻炼面部的松弛度。

面部表情减压法可有效缓解演说者在演说前的紧张情绪，从而帮助演说者在演说之前更好地把控情绪，从而达到更好的状态。

压力排遣法

有时演说者因为紧张，会在台上出现手发抖的情况。当面临这种情况时，我们建议演说者采用“压力排遣法”来缓解紧张情绪。将双手攥紧，使手部肌肉保持极度紧张的状态。想象一下，在你的面前有一块砖，你可以一掌将那块砖劈成两半。尝试着将手举起，用力地劈下去。连续做 3 次，你会发现，你的压力被释放出来了。你也可以在每次上台演说之前，找到厕所，对着厕所的门大喊一声“嘿”，舒缓压力。这时整个人就会变得极度有自信，上台之后便不紧张了。

紧张是演说者在演说过程中常常面临的状况。如果能采用一种简单有效的方式来化解紧张，这将为演说者的演说增色不少。一场成功的演说记录着演说者的自信与个人魅力，在不断的实践与完善中，演说者就能逐渐克服紧张、突破内心的障碍，发挥强大的个人魅力。

塑造演说者的强大气场

人人都有气场，气场有大小之分。它是一个人的生活阅历、知识水平、个人能力、社会地位等综合因素共同作用的产物。所谓“演说气场”是指演说者在演说时传达出的一种外在魅力，在塑造强大的演说气场时必须运用三种语言：“有声语言”“肢体语言”和“文字语言”。这三种语言所占比重分别为：38%、55%、7%。

所谓有声语言即声音的抑扬顿挫、感情色彩、语音、语调、语速等，这部分占比 38%；肢体语言即打造演说气场，包括外在形象、穿着打扮、举止礼仪、台风手势、站姿、走姿等，甚至包括表情、目光、喜怒哀乐，这部分占比 55%；文字语言即演说内容，也就是演说稿部分，这部分只占 7%。在演说过程中，听众往往记不住 7% 的演说内容，但会对另外 93% 的有声语言与肢体语言记忆犹新，这就体现出气场在演说过程中的重要性。每个人在上台演说时都有自己的气场，演说的气场就相当于人的磁场与能量场。

例如：当一提起史蒂芬•乔布斯的名字，乔帮主的粉丝心里便会想到他在舞台上的气场。当站在舞台上演说的人是马云而非普通演说者，听众的精神状态就会完全不同。即使马云没有开口，你也会感觉到他的强大气场。

一次成功的演说不仅需要演说者自身具备超群的能力，还需要演说现场工作人员的配合，可以是音乐、灯光、气氛，从而在各个层面上帮助演说者实现气场最大化。

然而，打造演说者的强大气场必须从以下几方面着眼。

练习令人着迷的好声音

声音可以反映一个人的强大气场。人的声音是具有感染力的，它不仅可以传递感情色彩，还可以激发异性朋友的荷尔蒙分泌。如果你是一位女士，想象一下，在你的面前站着一位英俊的男士，长得高大威猛，你可能在看到他的第一眼时，就对他心生仰慕。但如果这个人一开口是个“娘娘腔”，你对他的印象可能会立刻下降，不想再听他说话。如果他一开口是声音超级有磁性的男中音，你可能会控制不住地想听他一直说下去。例如：奥巴马。奥巴马是一位黑人，无论从金钱、权势或地位来看，都无法与竞争对手匹敌，但他却在总统竞选中获胜了。奥巴马胜出的一个重要原因在于他杰出的演说魅力。奥巴马的声音属于标准的男中音，声音一出，便会迅速俘获众多女粉丝的芳心，从而愿意为奥巴马投票。美国大约80%的女士都将选票投给了奥巴马，这就为他连续两届成功稳坐总统宝座提供了极大的帮助。可见演说者的声音魅力多么重要。那么，一个优秀的演说者应该如何锻炼自己的气息与声音呢？

语音练习法

想象一下，一个女孩子通过大量的声学训练，声音会不会变成男孩子的声音？这种情况是很难发生的。因为改变人的声音，最根本的是要改变人的音质。音质是由人的声带决定，而声带则源于父母的基因遗传。因为人的声带从儿童时期到成年时期便基本定型，所以，人的音质很难改变。

音质无法改变，并不代表声音就不能改变。人体发声主要与三大器官有关：呼吸器官、发声器官及共鸣器官。三大器官共同作用最终产生了美妙的声音。发声器官体现为声带，声带为喉头内侧两块非常薄的组织膜，两片声带之间有一个门，我们称之为“声门”。通过声带的振动，穿过声门与口腔，产生声音。那声带为什么会振动呢？是因为有气流给声带力量。所以，练声先练气。声音在传播过程中会遇到很多腔体，比如：口腔、鼻腔、胸腔，这些腔体之间会产生共振，即共鸣。所以，如果演说者想要练声，第一要练气，第二要练共鸣。

耳语练声法，又称为“说悄悄话”。耳语融合气息法可以练气。首先，先吸气，然后开始数数，要发出声音。中间不能换气，如果可以数到 80 以上，肺活量一般在 4500-5000 之间。对演说者实现成功演说有极大的帮助。

原地跑步念诗法。在原地跑步过程中，张开嘴巴念诗。因为跑步需氧量高，所以，当演说者张开嘴巴讲话时，会非常锻炼肺活量。那么，这种方法如何操作呢？即在原地跑时念诗，一字一句、一板一眼、抑扬顿挫、声情并茂地念出每个字，发音清楚。当练习者念诗的速度与跑步的速度持平，便可以有效地调节个人气息。

联想法。演说者在练气息时，气一定要吸得足够多，再均匀地把气全部吐出来，这时会用到联想法。想象一下，在你的面前有一朵花插在花瓶里，你尝试着去闻它，这时候你在吸气。接着想象，你突然发现花瓶底部有一层灰，你试图吹掉它。即一个吸气与吹气的过程，连续三遍。持之以恒地坚持此法，便可有效锻炼气息。

座椅朗读法。我们强调的座椅朗读法是指练气者坐在椅子上，进行朗读，时间为10分钟，要求练习者张口朗诵。因为坐在椅子上时，气息的流动比较平稳，所以，练习者在发声时更能够练习气息的平稳度。

绕口令法。练习绕口令是学习口才最常见的方法，它不仅可以帮助我们练习语速、普通话，甚至还可以帮助我们练习气息，比如：哥哥弟弟坡前坐，坡上卧着一只鹅，坡下流着一条河，哥哥说宽宽的河，弟弟说白白的鹅。鹅要过河，河要渡鹅。不知是那鹅过河，还是河渡鹅。试着准确无误的将这段绕口令念完，不仅可以准确练习元音e的发音，也锻炼了我们的气息。

九音练习法。九音练习法可以有效帮助演说者打开共鸣腔，就像读书一样，每天清晨只需花费五六分钟便可将九音练习一遍。坚持下来，便会发现，自己讲话的自信程度有了极大的提升。九音练习法主要包括以下九音：i、u、eng、a、p、pei、mi、ma、mi 九个音。eng 可以锻炼演说者的鼻腔共鸣，p 可以锻炼演说者的爆破音，pei 可以练习演说者的腹部运气，以上九个音可以起到有效练气的功能。

腔体共鸣法

颅腔共鸣。颅腔共鸣是所有男高音在演唱时使用的方法。将手放在脑袋后部便可感受到声音的振动，这种方法多用于高音明星的演唱环节，它主要靠人体强大的气流振动与声带摩擦、产生声音，同时需要配合专业的声学训练。这种方法比较适合学习高音的人来练习，可通过练习高音类歌曲，练习颅腔共鸣。

鼻腔共鸣。鼻腔共鸣是将声音的焦点定位在鼻腔。声音的磁性来源于哪里呢？大部分都是来源于鼻腔的共鸣。鼻腔共鸣运用的好就叫有磁性，运用的不好就像感冒，陕西和山西当地人民的方言中，有浓厚的鼻音。如《山丹丹花开红艳艳》，这首歌就是鼻腔共鸣的最好代表作。那么人们在日常生活中该如何练习鼻腔共鸣呢？可以每天闭着嘴巴哼几首歌，或者学牛叫，这些都是练习鼻腔共鸣很好的方法。

口腔共鸣。我们平常的演说、日常交流、沟通都是通过口腔共鸣来实现的，很多流行歌曲的唱法也都是通过口腔共鸣来实现的。练习口腔共鸣时非常重要的六个字是“张大口，深吸气”，也称为“六字箴言”。通过这六个字可以立刻改变演说者的声音，使声音立刻放大。人的声音一放大，自信程度就会随之提升。为什么“张大口，深吸气”可以使人的声音立刻放大呢？因为当人们发声时，声音会以直线形式进行传播，传到口腔部分会产生反射，声音通过口腔反射出来，才能被我们听到。

胸腔共鸣。胸腔共鸣中最鲜明的例子就是士兵喊口号。士兵每天喊很长时间的口号，嗓子却不会哑。因为喊口号的声音是通过胸腔共鸣发出的，此时的声音非常饱满，有力量，此时声带的利用率低，所以嗓子不会哑掉。

我们通常练习胸腔共鸣时，可选择《咱们工人有力量》

这首歌练习，也可选择其他军歌进行练习。

腹腔共鸣。腹腔共鸣多应用于美声演唱、民族演唱以及演说等方面。腹腔共鸣在使用过程中，大多配合胸腔共鸣。以培训师授课为例，如果在授课过程中，培训师一直不停地采用口腔发音，时间过长，嗓子就会变哑。但如果在授课过程中，融入腹腔以及胸腔共鸣，便可以连续几天授课。

具体操作方法为：在授课过程中，深吸一口气，这时气流会充满腹腔与胸腔，然后由腹腔与胸腔呼出气流，在呼气的过程中讲话，这样不仅发出的声音更洪亮，也能避免培训师因长期授课产生的嗓子不适问题。

在日常生活中，练习腹腔共鸣也可以采用以下方式。如大声喊“嘿”这个音，不断坚持，便可领会腹腔发音的精髓。

声调重音法

在普通话中，声调分为四类：阴平、阳平、上声、去声。在演说过程中，声调的变化配合不同语气会给听众一种焕然一新的感觉。它既可以让听众感觉到演说者声音的变化，也可传达出感情色彩的变化。

演说者常说：讲话要有抑扬顿挫之感。那么抑扬顿挫是指什么呢？抑扬指声调。顿指停顿。挫则指重音。讲话时多以语气配合，可呈现出疑问与陈述的语气。所以，在朗读一句话时，将重音放在不同位置，听众接收到的信息就会完全不同。比如："你怎么知道我爱她"这句话。如果将重音放在不同的位置，至少可以读出五种不同的意思。可以是陈述，也可以是疑问，可以是肯定，也可以是否定。通过这种方式进行声音的转换，练习演说的不同语气。

语速定位法

"语速"指人讲话时的速度。通常情况下，我们进行日常交流、沟通的语速保持在150-180字/分钟；朗诵与播音主持人员的语速一般在220字/分钟。按照演说的语速标准，要求演说者演说的语速在280-300字/分钟。人的大脑每分钟可以接受并理解的字数在500字左右。换句话说，人的语速达到极限也不可能达到500字/分钟。因此，在演说过程中，要求我们尽可能大声、清晰地讲述。同时要做到快慢结合，有抑扬顿挫，使音调恰到好处，才能达到最佳的演说效果。语速过快或过慢，都会给听众带来一种厌烦之感，从而影响演说的整体效果。

包装专业的演说形象

演说形象体现为演说中的肢体语言。肢体语言包括：第一，形象。第二，台风。它包括演说者在舞台上的站姿和走姿。第三，手势。第四，表情。表情又包含演说者在演说过程中的微笑与目光。

个人形象第一位

对于演说者而言，舞台和听众永远不会给你第二次建立新印象的机会。所以当你登上讲台的刹那，或许还没有开口，听众就已经对你形成了第一印象。例如：是否足够专业？是否吸引眼球？这些都能影响听众是否选择继续听你的演说。所以，演说者在上台之前，要为自己精心打扮一番，塑造专业的演说形象。

正装演说。正装演说会向听众传递一种专业感，同时也会让演说者增强自信。世界上最伟大的销售员乔·吉拉德在销售汽车时，每每给客户打电话，都会严格要求自己穿正装。哪怕是在凌晨接到客户的电话，他都会起床走进书房，坐在椅子上接听客户的电话。因为他坚信，客户可以透过电话，听出他目前的状态。所以，无论是对待工作的态度，还是穿着，都可以为演说者树立专业的个人形象，还可以将演说者对于工作的热爱之情传递出来。

穿薄不穿厚。想象一下，如果一位演说者穿着一件羽绒服登上了颁奖晚会进行主持，会不会让听众觉得很奇怪。对于听众而言，他们更希望看到令自己轻松、舒适的演说者。如果演说者穿着过厚，会让听众有一种厌倦的感觉。

切勿过分装饰。对于演说者而言，要让自己的形象得体、大方。不要过分装饰，使得听众只关注你的外在而忽略了演说的内容。对于女士而言，切记浓妆艳抹，要显示出自己的端庄、大方、优雅干练，不可刻意凭借衣着或者配饰来吸引听众的注意力，这样会使演说的效果适得其反。

身体姿势优雅

关于站姿，男士与女士略有不同。但基本的法则是相同的，即“背部贴墙，三点一线”。“三点”是指“后脑勺、臀部、脚后跟”，三点贴于墙面，保证站姿挺拔。通常在演说过程中，我们要求演说者重心归中，手自然下垂。身体稍稍前倾 10 度，会给听众一种亲切感，后扬 10 度会让听众感觉充满力量。

男士在舞台站立时，最标准的站姿是双脚张开的距离与肩同宽。但考虑到每个人的生理条件不同，如果有人外八字，双脚张开的距离与肩同宽就会非常奇怪。所以，在站立时，不需要制定过严的标准，只要找到自己最自然的状态就好。例如：演说者以最轻松的状态走路，走着走着便停下来转过身。此时脚下的距离就是最合适的站立宽度。

而女士在站立时，双腿最好保持并拢状态。这样可以显示女士的优雅与端庄，还有一种站姿是丁字步，要求女士的双腿也呈并拢状态。女性练习站姿的方法称为“顶书夹纸”法。即头上顶一本书，大腿膝盖关节内侧夹一张纸，保持身体直立，这时女士优雅的身材便可以展示出来。

对于演说者来说，当你站上舞台那一刻，就会成为整个舞台的焦点。在演说开始 10 分钟或者半个小时内，我们不建议演说者在台上走动。因为演说者走动，会转移听众的注意力。但如果进行长时间演说，就要适当走动。那么，如何在走动中不转移听众的注意力呢？这是非常有技巧的。我们建议演说者在台上走动时，尽量左右走动，而不是前后走动。尤其要注意的是，不要将背影留给听众。因为当演说者以背影面对听众时，就会失去对整个会场的控制力。比如：演说者需要在舞台上写板书，虽然不得已背对着听众，但要保证自己传递出声音，这个声音可以吸引听众的注意力，烘托起整个演说的氛围。

手势利落

基础手势。当演说者站在讲台上，如何让双手的摆放显得自然得体呢？手势是演说者在演说过程中一种重要的肢体语言，它主要体现为以下三种手势：

第一种，双手下垂手势。双手自然下垂时尽量不要握拳。

然而双手自然下垂时存在一个问题，即双手容易随便摇晃。所以就衍生出了第二种方法。

第二种，45 度手势。将双手打开，手心朝上，两条手臂分别与身体前部呈 45 度角，将双手打出去，然后收回来放在小腹前，给人一种很干练的感觉。

第三种，分享手势。即左手手指与右手手指交叉放在胸前，与胸部相隔一个拳头的距离。这种手势比较适合在公司为同事讲故事，或者参加产品发布会及招商活动等场

乔布斯演说

合。很多科技界的大咖在演说时经常采用这种手势，如：乔布斯。

乔布斯在舞台上有一种特殊的魅力，他会以一种很亲和的方式，加上分享手势与听众进行互动："大家好，你们见过这么好的手机吗？它的外观太棒了，太不可思议了，甚至难以想象。"亲和的语句配上苹果超强的设计感以及完美的外形，让消费者看完之后有一种想买的冲动，这就是乔布斯在演说中最大的魅力，用简单的语言吸引一大批粉丝。让很多"苹果粉"在心里将手机默默定义为：这个世界上只有两款手机，一款叫苹果手机，另外一款叫其他手机。

开台手势。所有的演说大都以开台为起始，开台即为演说前的一句问候，例如"女士们、先生们，大家好"。在开台中，我们推荐几种基本的手势：

第一种手势称为万能手势。万能手势适用于演说过程的各个环节。演说者要保持站姿不变，将手伸出去，角度可保持在演说者身体的左前方或右前方，使胳膊弯曲，让手臂与手掌呈现出一个小小的弧度，四指并拢，大拇指翘起。

面对比较隆重的场合，手势可以打得比较高；场面较小的话，手势可以适度降低。这种手势在演说中经常被用到，因此称为万能手势。

第二种开台手势称为打开手势。这种手势可以为听众营造一种舒缓、踏实的感觉。使用这种手势，演说者要将自己的双臂打开，做一个迎接的姿势。具体操作方法如下：演说者保持脚后跟不动，身体前倾10度，说一句“大家好”，将双手打开。这种手势多用于演说者初次登台时。

第三种开台手势称为配合鞠躬手势。这种手势需要配合相应的鞠躬动作。在鞠躬时，有一条基本原则：鞠躬的时候不说话，说话的时候不鞠躬。通常演说者在自我介绍时会用到这种手势。在演说者鞠躬时，如果佩戴领带，可将手轻放于领带中间，给人一种得体大方的感觉。那么鞠躬的角度大概是多少呢？这个并不需要做硬性的规定，只需要坐在前排的听众看到演说者的头顶即可。角度过大或过小都会给听众一种奇怪的感觉。

收台手势。同样的，所有的演说都必须以收台结束，收台即向听众表示演说结束。最常见的收台语包含四个字

“谢谢大家”。演说收台环节体现为以下几大手势：

第一种手势为开台手势中的万能手势，伸出一只手，当手打出去时，配合话语：“我的演说结束了！谢谢大家！”手势高度可自行调节。

第二种手势为打开手势。张开双手，配合演说结束语：“我的演说结束了！谢谢大家！”

第三种手势为鞠躬配合手势。用鞠躬的动作配合演说结束语：“我的演说结束了！谢谢大家！”这些手势都可以有效配合演说者结束演说，缓解演说尴尬的局面。

手势要运用得当，同步精确。演说者做出的手势必须符合演说内容才叫适当，不能给听众一种张牙舞爪的感觉，演说者一定要保证自己的肢体动作与其他演说要素同步。首先，肢体语言要与演说的内容同步。其次，要与自己的语速同步。再次，要与自己的情绪同步。要做到“话到手势到”，保证肢体动作与语言的同步。

在演说过程中还有几种常见的手势，如：指示手势。它包含：打开、下切、外抛、下压、外推。这些都是最常见的手势。

关于手势摆放的区域我们将它分为三部分：

第一个区域为肩部以上的部分。如果将手势打到这个位置，表示一种理想的、殷切的希望，胜利的喜悦以及对未来的展望。

第二个区域为肩部与腰部之间。当手势打在这一区域时，表示描述事实、讲故事。

第三个区域为腰部以下，表示蔑视、否定、不堪、鄙视。在演说过程中，我们有一个口诀：五根手指、一个拳、两只手两刀切。在手势中，拳表示力量、号召、鼓动。比如发表宣言或发誓会将拳头置于耳侧。“两只手，两刀切”是什么呢？即你的双手可以横切、竖切，表示一种力量。也可以画圈，外画、内画皆可。画圈可以表示叙述一种事实，描述一个故事等。

所以，在演说过程中，运用手势，可以向听众传递一种信号，更好地把控听众的情绪。在演说过程中，打手势的最高境界在于，在演说者最自然的状态下将手势打出去，从而呈现出演说者最自然与自信的状态。

微笑与目光交流不可缺少

中国有句老话叫“伸手不打笑脸人”。所以，微笑是日常沟通中的一大法宝。那什么是最标准的微笑呢？有人说微笑时要露出八颗牙齿。但每个人的生理条件与个人条件不同，如果有人嘴唇比较厚还要求自己露八颗牙齿，那将是一件非常恐怖的事情。所以，最标准的微笑方法是“提全肌，松下巴，拱软腭”。用一个简单的拼音字母或数字读音描述这种方法，即“C或1”。

有人说“你的目光到哪里，你的影响力就到哪里”，所以在演说中，目光也非常重要。眼睛是人类心灵的窗口，它可以反映出一个人的精神状态及自信程度。有时一个演说者站在台上，听众给他最大的回馈不是掌声，而是温暖的、含情脉脉的或是面带微笑的目光，甚至是略带崇拜的眼神。这会让演说者与听众产生一种心灵交融的感觉。

一个演说者最高的演说境界是：不管演说现场有多少人，演说者都能让每一位听众感觉到他不是对大家讲的，而是对着自己在讲。正如奥巴马，虽然他面对 5 万人进行演说，但这 5 万人都能感觉到奥巴马在同自己沟通，其中眼神便是最重要的因素。在演说中，目光投放的小诀窍就是在第一排听众眼睛以上的部分，让听众感觉到你在与他们沟通，这样便可以轻松地照顾到全场。

呈现高效的演说内容

调查显示：演说的内容部分对听众的影响只占 7%。而作为演说的开篇，开场白就显得尤为重要。好的开场白可以帮助演说者瞬间抓住听众的眼球。开场白又称为内容导入。它可以由一个问题引出，也可以由一个故事展开，让听众对开场白产生兴趣，不断地深入递进。也可以引经据典，让听众感觉很有说服力，从而产生一种对演说者的信服感。

在演说内容方面，要做到有条理性、概括性。条理性包括次序法、数序法、分类法、钻石三点论。通过对内容进行整体地梳理，使演说内容逻辑清晰，更好地把控演说内容，使听众听课的效果达到最佳。

好的演说内容，加上演说者对会场氛围的营造，配合听众的参与度，便可让演说成功大半。好的演说者会在最短的时间内与听众建立一种默契，首先用人格魅力征服听众，再通过演说过程刺激听众的敏感神经，让听众积极主动地参与到演说的互动中来，在互动中将演说的氛围推向高潮。

轻松控场，与听众巧妙互动

演说控场及巧妙互动在演说中占据了重要位置。如果演说者能够有效控场，就会使演说充满激情与活力。如果演说者不能有效控场，整个演说现场就会一片混乱。那么演说者该如何轻松控场并与听众进行巧妙互动呢？在这里跟大家分享五种方法：

目光控场法

第一种方法叫目光控场法，即演说者用点视、环视、扫视的方式进行控场。目光控场法可以过滤负面信息，你的目光到哪里，你的影响力就到哪里。例如：演说者看到某一个听众没有专注地听演说，他只需将目光定位到这个人身上。这个人看到后，就会马上回归状态。

声音控场法

声音控场法不需要演说者去做特定的动作，只需调整音量便可以轻松控场。声音控场法共分三种：

声音信号控场法。在演说者开始演说之前，应与听众事先约定好相应的信号，当演说者说出这个信号时，现场听众便作出回应，随后立刻安静下来。例如："各位亲爱的朋友们，大家好！"这就属于一种声音信号，当演说者发出这一信号时，听众便会马上以掌声作为回应。

高音控场法。即演说者讲着讲着便把声音的分贝突然放大，现场听众的注意力就会瞬间被拉过来。例如：在课堂上，老师要求学生在规定的时间内完成作业。时间一到，老师便会叫同学们放下手中的笔。此时老师突然提高嗓音喊一声“同学们，请放下手中的笔”，学生的注意力便会一下子被拉回来。

低音控场法。即在演说现场人特别多的情况下，哪怕提高声音也无法控制现场，就可以采用逐步降低音量的方法，直到让声音消失。此时，现场的听众会因听不到演说者的声音而好奇，从而安静下来寻找原因，此时演说者便可以达到轻松控场的目的。

动作控场法

很多学生都深有体会，当老师在讲课过程中，走到哪位同学面前，哪位同学就会相对紧张。如果某个学生听课不认真，老师便可以站在他身边，边讲边看，这个学生便不会再溜号。这也是一种控场的方法。

还有一种动作控场法，是老师不必走到同学的旁边。

但可以说一句话来提醒学生。例如：亲爱的朋友们，学习演说口才不需要记太多的笔记，只要好好听课就可以了。我发现在两天的学习时间里有一名同学表现得非常认真，认真地做笔记，积极与老师互动。那么，这个人是谁呢？他就是 ×××。结果大家发现，其实 ××× 在睡觉。这也是一种动作控场法，利用人的自尊心来控场。

内容控场法

内容控场法即演说者要适当地改变演说内容。在演说内容方面，演说者需要融入一些特别突出的元素使听众更容易记住。所以，当演说者发现，自己讲得某些主题听众已经不感兴趣或者已经视听疲劳了，就需要立刻转换一个新的话题。

互动控场法

互动控场法也是演说者最常用的方法。因为演说是一个互动的过程，如果只是演说者在讲，那不叫讲，那叫解说。演在讲前，演说者每隔 10 分钟就要刺激一下听众，不刺激听众，10 分钟之内，听众的大脑会自动关闭，优秀的演说者总是在不断地刺激听众的过程中，完成一场出色的演说。那么如何刺激听众呢？就是让听众参与到你的演说中，这才是你演说的开始。怎么让听众加入进来呢？这里有一种方法，这种方法可以解决演说者 50% 的问题，那就是“用提问的方法让听众参与和互动”。

在演说过程中，提问与互动是配合演说的最常见的形式，主要分为三种提问方式：

简单式提问。“简单式提问”即让听众自己回答：是不是？要不要？可不可以？愿不愿意？例如：演说是不是人们日常生活中不可缺少的一部分？答案：是。

二选一式提问。这是成交学里面常用的一种提问方式。以卖茶叶蛋的摊主为例。当顾客到小摊上买茶叶蛋，摊主通常不会问顾客买不买茶叶蛋，而会问顾客买一个还是两个，这就叫作二选一式提问。

开放式提问。开放式提问一般不用在互动上，往往只当作思考方式来用，比如：为什么有的人演说时会紧张呢？怎么会这样呢？到底是什么原因呢？

当我们了解到如何塑造好声音，如何打造个人形象，如何练声，如何打造强大气场时，整个演说便会进入一个新的阶段，我们将其称之为魅力演说的最高境界。

魅力演说的最高境界

魅力演说的最高境界，即情到深处自动人。它可表现为：真诚用心地表达生命中出现的感动，学会分享。“真诚用心”指心态；“表达”指技巧；“生命中出现的感动”指讲述自己的故事。做到这几点并不难，只需讲平常话，讲身边事，表达真性情即可。演说最高的技巧是没有技巧，最高的招数是没有招数，如果一位演说者可以做到用爱演说，以情动人，以道御术，举一反三，那么演说的境界就算是真正修炼出来了。

徐保国魅力演说

演说的应用领域非常广泛，演说的目的是“使人知、令人信、动人情、促人行”，即让听众听到你的演说，便知道你在讲什么，并愿意相信你所讲的内容，从内到外打动听众，从而让听众为此付出行动。这里的“行动”可能是收钱，如会销、路演等；也可能是收人，如招聘说明会等，也可能是收资源，如招商说明会等。

因此，演说是一个实现价值的舞台。对于演说者而言，如何呈现魅力演说尤为重要。在演说过程中，演说者要善于构思一些方法，使自己的演说内容更具条理性、概括性。通过技巧让自己语出惊人，使自己在演说时，可以轻松控制现场，驾驭现场的各种状况，从而使演说者爱上舞台，打造最强大的气场，最终达到魅力演说的最高境界。

头脑风暴

1. 很多人都存在演说紧张的情况，那么，消除演说紧张的捷径有哪些？
2. 当你极度紧张时，如何运用面部表情减压法有效缓解压力？
3. 想要拥有如奥巴马般强大的演说气场，你该采取哪些措施？
4. 在演说过程中，如果出现忘词等尴尬状况时，如何有效运用万能开台手势来解决困境？
5. 如何塑造令人着迷的好声音？
6. 在与听众互动过程中，如何做到轻松控场？轻松控场的诀窍有哪些？
7. 一位优秀的演说者应具备哪些技能？
8. 演说中应如何打造专业的演说形象？
9. 提问式互动法该如何运用？
10. 声音即是一种信号，演说者在演说过程中如何巧妙运用声音来轻松控场？

第二章

思路清晰，演说更具说服力

很多人都渴望拥有令人羡慕的好口才，但好口才的形成却需要经历一段漫长的过程。很多人在演说过程中，发现自己存在严重的逻辑混乱现象。那么如何能让自己理清思路，在短暂的话语传递中取得成功呢？这就需要演说者形成清晰的逻辑思路。当演说者将一段思路清晰、主题明确的话讲出来时，就已经成功了一半。逻辑思路在演说中占据极大的比重，它可以帮助演说者树立专业度，并获得业内人员的信服，从而为演说者树立良好的演说形象，让演说者更具说服力。

九宫格便是一种帮助我们梳理思路的好工具，它可以根据思维导图的方式为演说者梳理思路，从而将复杂的问题简单化，最终将人类大脑中的数据理清。九宫格是一种高深的智慧，通过图像的形式为企业家梳理思路，从而将企业家的思路无限扩展，达到高效演说的目的。

梳理演说思路的好工具——九宫格

在日常生活中，有诸多思维导图方法，例如，预估法、网格法、太阳线法。通过这些思维导图法，演说者可以整体规划大脑中的思维数据，从而使自己在演说过程中的条理更加清晰。但这些思维导图方法都比较复杂。其中有一种既简单而又充满智慧的思维导图法，称之为曼陀罗思维导图法，也称之为九宫格法，即将普通的思维导图简化。它由一个九宫格组成，中间的格子为主题，外面八个格子为主题的分支元素。通过曼陀罗思维导图法可以有效进行演说内容的梳理。

那么如何用曼陀罗思维导图法调用大脑中的数据，从而让演说者迅速梳理出完整的思路？曼陀罗艺术起源于藏传佛教，曼陀罗思维导图就是以中心空格为原点，顺时针向外旋转。它集合了中国古代人民的伟大智慧，流传至今，意义非凡。

那么曼陀罗思维导图法该如何运用呢？简而言之，曼陀罗思维导图法的核心就在于一个简单的九宫格。九宫格的中间通常写上演说者想要完成的事，或者想要达成的目的，或者想要谈到的主题。它可以迅速通过外层的八个格子调用大脑中的数据，让演说者联想到与此格子相关的素材，从而迅速地填满其他八个格子。

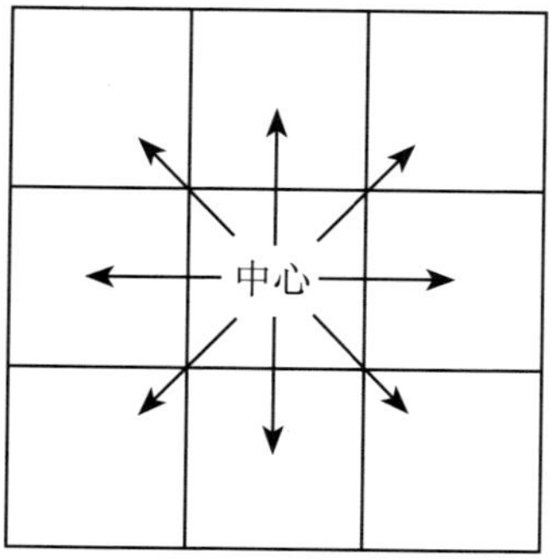

发散型思维导图

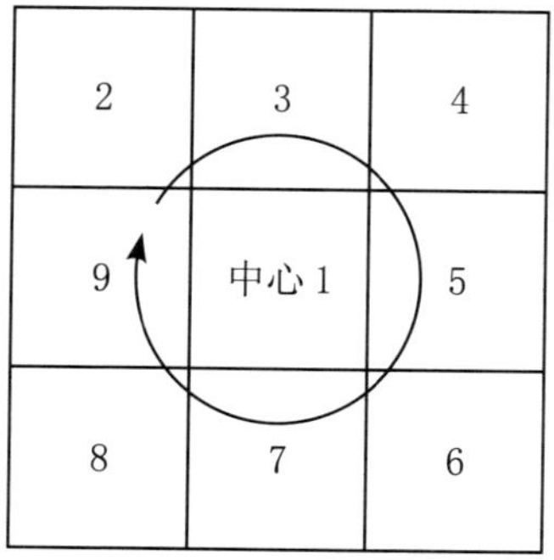

顺时针型思维导图

曼陀罗思维导图法中涉及的九宫格包含两种类型：一种叫作发散型，一种叫作顺时针型。如果演说者想要总结出演说的具体内容，只需把主题写在九宫格中间的格子中。通过中心格子搜索与主题内容相关的数据，想到多少便写下多少，不用考虑其他因素，遵从“不够八个无所谓，多于八个就归类”的原则。如果内容多于八个就融入到这八个里面，以相同类别进行归类，找到所写词语的上一级词语，进行合并。在归纳过程中，若选择顺时针型操作模式，具体做法如下：在外围的八个格子中设置初始格，从初始格开始填写内容，将初始格作为起点，顺时针进行排列，直到填满为止。若选择发散型操作模式，那么，就不需要区分所填格子的先后顺序，只需要把内容填进去即可。曼陀罗思维导图法的几大原则如下：

第一，想到就写，事后整理，千万不要在头脑中顾虑其他因素。只要把主题确定下来，就立刻在头脑中联想与其相关的事情，同时将这个关键词写进里面，想到什么就写什么，不要怕内容正确或者错误。

第二，不够八个无所谓，超过八个就归类。首先，仔细观察，通过九宫格能不能快速地收集数据。拿出一张纸，在纸上画上一个九宫格，在九宫格中间写下两个字——演说，想象如果让你研发一门关于演说的课程，你准备讲什么内容，迅速在2分钟内在另外八个格子里面写下你要讲的内容。

与演说相关的任何内容都可以，内容填写时间控制在两分钟，想到什么就写什么。寻找一个伙伴，做同样的事情，双方可作为搭档，在双方都填好九宫格后，进行交换。同时，向对方说明，在演说这一主题周围，为什么会写下这八个词语，彼此互相倾听。在与对方进行思路梳理的过程中，发现自己在演说中存在的相关问题。例如：在九宫格的中间格子上写下一个主题——我的人生。接下来用两分钟时间将另外八个格子填满。对你来说，人生中最重要的几个关键词是什么？可能是家庭、事业、感恩或者是爱。或者你认为自己人生中最重要的核心价值观是什么？是尊严、尊重、智慧、分享、目标、家庭、事业等。在书写过程中要坚持“不够八个无所谓，超过八个就归类”的原则。想到就写，事后再进行整理。因为人们头脑中第一时间出现的词语一定是自己最在意的，这种方法也称为快速构思法。

曼陀罗思维导图法是演说者梳理演说内容的极好工具，它可以让演说者思路清晰，主题明确，最终达到演说的理想效果。

九宫格的灵活运用

即兴演说不仅流行于现代，在古代也风靡一时。古代诗人锻炼写诗本领时，经常要求自己练习指物成诗的能力，即看着一件物品在几分钟之内写成一首诗。最为著名的代表是建安七子之一的曹植，他的经典之作便是《七步诗》。当时曹植的哥哥曹丕想要陷害他，所谓“欲加之罪，何患无辞”。曹丕指着一口煮着豆子的锅，命令曹植在七步之内作出一首诗，如果写不出就要将他处死。曹植是建安七子里面最有才的一个人，于是他指着一口锅，在七步之内便作成了一首流芳千古的诗：煮豆燃豆萁，豆在釜中泣。本是同根生，相煎何太急。

在演说中，我们常常采用摸箱子的方法，在箱子中放上纸条，摸到什么就讲什么，这是即兴演说的一种。在很多场合下，人们经常会面临即兴演说。有些人在面临这种情况时，大脑往往一片空白。有些人虽然可以表达自己的想法，但在发言或讲话过程中，整个思路都混乱不清。那么，什么是即兴演说呢？

平时在人们生活中出现的演说，有80%属于即兴演说，企业家更会随时遇到即兴发言的场景。著名演说理论家杨丙乾先生这样定义：即时演说者，事先无为演说之意，而忽遇演说之时机，不能不仓卒构思，以即时陈述也。从这个定义上来看，即兴演说有三个方面的特征：第一，没有准备；第二，时间较短；第三，特定场合。因此，要想拥有即兴演说的能力，哪怕做不到“指物演说”，但至少要先锻炼一种快速构思的能力。这就可以用到九宫格法。

按照九宫格的方法，演说者可以轻松地完成对演说内容的梳理。当演说者要发表即兴演说时，首先头脑中要浮现出一个九宫格，将主题填在中间的格子里，然后对其他八个格子进行填充。如果感觉内容不够充实，还可以在这八个格子中添加故事，提高整个演说内容的完整性与充实性。因为一旦在格子中加入故事，演说的内容就变得可长可短，所以说九宫格是一个可以进行无限扩展与想象的空间。

当演说者将八个格子填满后，如果仍然觉得内容不够，那么演说者便可对内容进行无限扩展。例如：以“我的人生”为主题。其中有一个关键词称为“感恩”。所以演说者要立刻思索，感恩格子生发出来的另外八个格子，如：爱父母，爱亲人，爱身边的人，爱所有曾经帮助过我们的人，甚至伤害我们的人。因为孝顺属于感恩的一部分，所以可以立刻勾勒出一个新的九宫格，中间写孝顺，再考虑与孝顺相关的元素是什么，从而再次形成一个可以无限扩展的格子。

在遇到即兴演说的难题时，也可以套用一个公式：我发现……，我认为……，我建议……，我相信……。例如：在我的人生中，我发现感恩很重要。我认为感恩不仅要学会爱父母、爱亲人、爱身边的人，还要爱曾经帮助过你的人。我建议大家还要学会包容伤害过自己的人，我相信如果我们每个人都可以做到这一点，那么整个社会就会更加和谐。

这个公式可以让你不拘一格，针对此类话题与问题，大脑中立刻形成一个与此相关的九宫格，思考每个格子中应该填充怎样的关键词。针对关键词进行展开、探讨与讲解，整个演说思路便会条理清楚，层次分明，这就是一种思维导图的方法，这种可训练的拓展方式让每个人的口才得到了有效的训练。

巧用九宫格，找准核心价值观

在演说过程中，演说者的个人魅力，主要通过个人价值观来体现。一个人可以用独特的价值观魅力来征服听众，所以关注个人价值观，发挥价值观的重要作用是演说者必须考虑的因素。

价值观是人们思考与行动的指南。通过打造核心价值观，演说者可以清楚地发现个人的核心价值以及个人的梦想归属。以梦想为例，演说者可以通过九宫格的方式，将梦想置于中间的主题格中，将其余八个格子定义为实施路径，当演说者实现梦想时，便会从其他八个格子中找到自己的价值点，它可能是坚持、勇敢亦或善良、忠诚。在这里，演说者将清楚地看到自己的核心价值，从而用演说的形式将个人的核心价值观传递出去。

人的核心价值观分为内在核心价值观与外在核心价值观。所谓内在核心价值，通常由演说者经历的所有痛苦、挫折、不堪的过往得出；而外在的核心价值会由演说者过往感受到的成功、尊严、自信而展现。

在演说者进行演说时，展现在听众面前更多的是演说者的外在价值观。那么，我们该如何利用九宫格的方式发现演说者的外在核心价值呢？外在核心价值即发现自己的关键词。在九宫格中间写上自己的外在核心价值。具体内容如下：

回想在你人生过往中，对你影响最大的人或事件，什么事情让你最有成就感，最值得庆贺，最令你感到骄傲，最能树立你人生的价值感，将它总结成八件事情，将这八个事件总结成八个故事，并将每个故事的细节在脑海中梳理出来，这些故事浓缩出的关键词就是你的外在核心价值。

填好中间的格子后，在另外的八个格子里面写下你人生过往中令你感到非常骄傲的时刻以及充满成就感的时刻。比如：我人生当中最重要的一件事情是与我妻子结婚的那一刻，用词语来描述一下当时的喜悦；我人生当中最有成就感的事情是第一次创业成功的那一刻；我人生中最有幸福感或者最有成就感的一件事情是第一个孩子降生的时候等。当你认真地去思考时，你会发现，每个故事里面会出现很多很多的人，在你与许多人接触的过程中，便可反映出你的核心价值。它可以是激动、幸福、泪水、感恩等。

在梳理核心价值观时，九宫格可以有效地帮助演说者找到捷径，这九个简单的格子里，可以无限地扩大新的知识量。用故事的方式带演说者寻找自己的核心价值，从而让每个人更加客观地对自己的人生进行定位。九宫格对于日常生活中探索梦想与自身规划具有重要作用，仅仅九个格子便可以给演说者更加清晰的思路。

呈现思路清晰的演说内容

判断一个人的演说好坏有两个标准：听众喜欢记、愿意听。若想达到这一要求，就要让自己的演说内容条理清楚，层次分明，即让自己的演说具备条理性和概括性。其中有条理性不代表有概括性，但是有概括性则包含着有条理性，下面我们谈一谈演说内容的概括性。

演说内容的概括性

演说者在演说过程中如何让自己的演说内容具有概括性呢？可以通过以下四种方法来实现：第一，形象提炼法；第二，拆字拆词法；第三，巧借公式法；第四，破旧立新法。其中的破旧立新法并非一个概括性工具，但是它可以与形象提炼法结合，从而产生概括性的效果。

形象提炼法

在形象提炼法中，我们可以用一个词语、一个字、一个成语甚至一个人名来概括整个演说内容。那么，形象提炼法到底是如何运用的呢？有如下案例：

有一位老领导，在他刚刚退休时，发表了内容相同的三篇退休演说，但形式不同。第一篇演说稿采用了三点论的形式，条理清晰。在这篇演说稿中，老领导说："在我临别之前，给各位提三点建议。第一，希望你们时刻保持一个清醒的头脑；第二，希望你们廉洁奉公，以身作则；第三，希望你们能够勤下基层，与群众打成一片。"

在第二篇演说稿中，老领导将每一条建议都概括成了四个字：第一，头脑清晰；第二，以身作则；第三，勤下基层。以上两篇演说稿遵从了三点论的形式。

第三篇演说稿就完全符合了形象提炼法，它将所有的内容形象地转换为三盆水的形式。老领导演说的具体内容如下：长江后浪推前浪，恭喜各位有为的新一代领导人能够担当此任，此任非同小可，它是政府的窗口企业，在临别之前没有什么送给各位，就送给各位三盆水吧！第一盆水，希望你们经常洗洗头，保持一个清醒的头脑，洗掉短期行为，永远不让大脑松懈。第二盆水，希望你们能够经常洗洗手，廉洁奉公、以身作则，不为名利与权益，不拿群众一针一线，真正为人民服务。第三盆水，希望你们经常洗洗脚，能够勤下基层与群众打成一片。这三盆水送给大家，希望你们能够洗掉疲劳，洗掉惰性，脚踏实地，形成“勤政为民”的作风。

在第三篇演说稿与一、二篇演说稿的对比中，我们发现，第三篇演说稿的记忆难度明显降低了。从内容上讲，它洗得有顺序，先洗头，再洗手，再洗脚。从上洗到下，“洗头”是说明头脑清醒，“洗手”是说明廉洁奉公，“洗脚”是说明勤下基层。如果将这三点论转化到企业家的身上该怎么用呢？首先，按照三盆水的模式去规划。比如：以企业负责人为例，当你回到公司，你的销售战将马上要去打市场，你在为大家做离别赠言时的话便尤为重要。你可以这样说：“各位销售战将们，大家好！大家马上就要赶赴销售一线去开发客户，在临别之前我没有什么可以送给大家的，我就送给大家三盆水。第一盆水，希望大家经常‘洗洗头’。‘洗洗头’是让大家多学习我们的专业知识，对产品有清楚地认知，才能更好地说服客户。第二盆水，希望大家经常‘洗洗手’。洗洗手是让大家多行动、多实践、多动手。第三盆水。希望大家经常‘洗洗脚’。洗洗脚是让大家多走出去拜访客户，因为量大是成功的关键，客户积累量不够是不行的。我相信只要做到这三盆水你们就可以成为销售冠军，谢谢。”上述案例，体现了企业家在演说中如何运用形象提炼法为员工梳理思路，最终达到鼓舞团队的作用。所以说，优秀的演说内容将对整个演说产生事半功倍的效果。

拆字拆词法

拆字拆词法可以帮助演说者通过短短的一句话，将自己的思路表达清楚。以演说的开场白与结尾为例，我们该如何让自己的演说开场白更加吸引人呢？如何让自己的演说结尾更加耐人寻味？我们以人名“范宇坤”为例。在演说学习过程中，如果你身边有个人叫范宇坤，你可以这样说：“各位亲爱的朋友，通过对演说的学习，我认识了一个好朋友，他的名字叫范宇坤。‘范’是指一个优秀的演说者站在讲台上，不仅要会讲还要会演，更重要的是要会做示范，将自己学到的东西传递给大家。而‘宇’是指什么呢？‘宇’是‘语’的谐音。即要让自己张开嘴巴，大声说话。同时，还可以指代宇宙的‘宇’，即让自己拥有宇宙般的胸怀，有广阔的心胸，放开自己的胆量与能量，让自己勇敢地站在讲台上。‘坤’是指‘一语定乾坤’，让我们意识到，演说在人们生活与学习中的重要性。”

通过这种方式，我们不仅可以将人名与整个演说的内容连接起来，而且整个内容的逻辑都很连贯，为听众形成了一个完整的思路。

破旧立新法

在演说内容的词语概括中，如果想要达到话语表达的更高境界，可以进行形象替代法与破旧立新法的结合。那么，什么叫破旧立新法呢？即将我们认为对的东西打破，然后再拉回来，这是一个极高的演说境界。马云便是运用这种境界的高手。自从阿里巴巴上市之后，马云就一直活跃在各种自媒体平台上，打开朋友圈便可经常看到关于马云的学说。马云说：“优秀员工具备六大品质；马云说优秀企业发展必须要有大的格局；马云说早起的鸟儿有虫吃；马云说男人的长相与他的智慧成反比；马云说今天很残酷，明天很残酷，后天很美好，但大部分企业都死在了明天晚上。”马云说过很多“惊天地，泣鬼神”的话。他曾说：“天底下最优秀的东西都是懒人创造出来的，而不是那些勤奋的人创造的。”而这句话正引自马云收购雅虎中国时的讲话：

今天是我第一次和雅虎的朋友们面对面交流。我希望把我的成功经验和大家分享，尽管我认为你们当中绝大多数勤劳聪明的人都无法从中获益。但我坚信，一定有个别人，懒得去判断我讲得是否正确，便会去效仿的人，最终获益匪浅。

让我们开启今天的话题吧！

世界上有很多非常聪明，并且受过高等教育的人，无法成功。就是因为他们从小就受到了错误的教育，他们养成了勤劳的恶习。很多人都记得爱迪生说的那句话：天才就是99%的汗水加上1%的灵感。他们被这句话误导了一生。勤勤恳恳地奋斗，最终却碌碌无为。其实爱迪生是因为懒得想他成功的真正原因，所以就编了这句话来误导我们。

很多人可能认为我是在胡说八道，好，让我用100个例子来证实你们的错误吧！事实胜于雄辩。

世界上最富有的人，比尔·盖茨，他是个程序员，懒得读书，他选择了退学。他又懒得记那些复杂的dos命令，于是，他就编了个图形界面程序，叫什么来着？我忘了。懒得记这些东西。于是，全世界的电脑都长着相同的脸，而他也成了世界首富。

世界上最值钱的品牌——可口可乐，他的老板更懒。尽管中国的茶文化历史悠久，巴西的咖啡香味浓郁，但他实在太懒了，弄点糖精加上凉水，装瓶就卖。于是全世界有人的地方，大家都在喝那种像血一样的液体。

世界上最好的足球运动员，罗纳尔多，他在足球场上连动都懒得动，就在对方的门前站着。等球砸到他的时候，踢一脚。这就是全世界身价最高的运动员了。有的人说，他带球的速度惊人，那是废话，别人一场跑90分钟，他就跑15秒，当然要快些了。

世界上最厉害的餐饮企业，麦当劳。他的老

板也是懒得出奇，懒得学习法国大餐的精美，懒得掌握中餐的复杂技巧。弄两片破面包夹块牛肉就卖，结果全世界都能看到那个M的标志。必胜客的老板，懒得把馅饼的馅装进去，直接撒在发面饼上边就卖，结果大家管那叫PIZZA，比10张馅饼还贵。

还有更聪明的懒人：

懒得爬楼，于是他们发明了电梯；

懒得走路，于是他们制造出汽车、火车和飞机；

懒得一个一个的杀人，于是他们发明了原子弹；

懒得每次去计算，于是他们发明了数学公式；

懒得出去听音乐会，于是他们发明了唱片、磁带和CD。

这样的例子太多了，我都懒得再说了。

还有那句废话，也要提一下，生命在于运动。你见过哪个运动员长寿了？世界上最长寿的人还不是那些连肉都懒得吃的和尚？

如果没有这些懒人，我们现在会生活在什么

样的环境里，我都懒得想！

人是这样，动物也如此。世界上最长寿的动物叫乌龟，他们一辈子几乎不怎么动，就趴在那里，结果能活 1000 年。他们懒得走，但和勤劳好动的兔子赛跑，谁赢了？牛最勤劳，结果人们给它吃草，却还要挤它的奶。熊猫傻了吧唧的，什么也不干，抱着根竹子能啃一天，人们亲昵地称它为“国宝”。

回到我们的工作中，看看你公司里每天最早来，最晚走，一天像发条一样忙个不停的人，他是不是工资最低的？那个每天游手好闲，没事就发呆的家伙，是不是工资最高，据说还有不少公司的股票呢！

我以上所举的例子，只是想说明一个问题，这个世界实际上是靠懒人来支撑的。世界如此的精彩都是拜懒人所赐。现在你应该知道你不成功的主要原因了吧！

懒不是傻懒，如果你想少干，就要想出懒的方法。要懒出风格，懒出境界。像我从小就懒，连长肉都懒得长，这就是境界。再次感谢大家！

马云的破旧立新真正做到了让人们重新审视生活，他将自己的发现通过演说的形式展示出来，逻辑清晰，层次分明，瞬间抓住了听众的耳朵。

巧借公式法

有很多老师在讲课的过程中，常常会提到，成功等于什么？健康等于什么？演说口才等于什么？这就称为巧借公式法，即利用一个公式概括你演说的所有内容。比如：一个人的成功等于他的能力乘以他的努力再乘以他的心态。演说口才等于有声语言加肢体语言再加文字语言等，这都是巧借公式法的表现形式。

设计开场与收尾的方法与技巧

在一段演说过程中，开场与结尾的内容尤为重要，一个好的开场白可以迅速抓住听众的心，向听众展示演说者强大的魅力。而一个好的收尾可以让听众深刻地体会到这段演说为自己带来的益处。同时好的开场白与收尾也可以很好地承接文章的内容，最终向听众展示出优秀的演说内容。那么，在演说前，如何才能设计出一个好的开场白来吸引听众呢？

首先，演说者的开场白要让听众产生浓厚的兴趣。例如：可以以一段故事进行开篇。通过故事瞬间抓住听众的注意力，但一定要注意，在讲故事的过程中，要向听众传递真实的情感，故事的主题一定要与演说的主题内容相吻合，这样才能够达到吸引听众的最佳效果。

如果演说的主题为“得与失”。那么，演说者在开场时便可以选择《塞翁失马》这个小故事。《塞翁失马》的内容如下：

古时，靠近边塞居住的人中，有位擅长占卜的人。一次，他的马无缘无故跑到了胡人的驻地，人们都觉得他的马没有生还的可能了，纷纷赶来劝慰他。可那位老人却说：“马匹丢失了不见得是一件糟糕的事，也许它还是一种福气呢？”过了几个月，算卦人丢的那匹马竟带着一匹胡人的良马回来了。于是人们都纷纷来祝贺他。

此时，算卦人又说：“新来的那匹马也许会带来一场灾祸。”算卦人的家中有很多好马，他的儿子喜爱骑马，一次意外，算卦人的儿子从马上掉下来，摔断了腿，人们又来慰问他。算卦人说：“这怎么就不能变为一件福事呢？”

过了一年，胡人大举入侵边塞，健壮男子都拿起武器去作战，战争导致边塞地区的人们大量死亡。惟独算卦人的儿子因为腿瘸免于征战，父子俩一同保全了性命。

通过这个故事，我们便可得出，得与失是呈对立统一关系的。这个小故事便展示了故事内容与演说主题的对应性。当听众听到这个故事时，一方面可以学到历史知识，另一方面也会消除对演说者的不信任感，最终迅速地投入到演说中来。

同时，为了吸引听众对演说的兴趣，也可以采用提问题的方式。

假如你是某一行业的培训师。在开场部分，可以询问学员：“你们是否热爱自己的行业，如果热爱，请举手。”此时，现场会有很多人举起手。接下来，你可以说：“举手的人都是骗子！”通过否定来引起听众的好奇心。正当大家好奇时，补充一句：“你们大多数人喜欢这个行业，是因为这个行业能为你们带来财富、地位与影响力。”

随后，提出第二个问题：“有没有人不喜欢这个行业？不喜欢的人请举手。”这时，又会有人举起手来。你可以说：“你们也是骗子。你们不是不喜欢这个行业，而是觉得在这个行业中无法获得自己预期中的回报。”这句话一讲出，便会有人表示认同。接下来你可以直接引出自己的演说主题。你可以说：“大家好，带着大家的疑问与猜测，我们将具体分析一下，这个行业的发展规律到底是怎样的？发展趋势如何？在了解行业的基本信息的基础上，有效地完成自己心中的目标。”

提问题的方式可以迅速吸引听众的兴趣，也是演说开场白部分常用的方法。

其次，演说者的开场白要与演说内容有很好的承接。很多人在设计开场白时，经常以一种爆炸式的噱头进行开场，当听众的热情被点燃时，演说者开始步入主题。作为下面的听众，会有极度的穿越感，甚至是落差感，这种奇怪的感觉就对整个演说造成了极大的负面作用，因为一旦听众的注意力垮掉后，便很难再凝聚起来。这就像我们说的“舞台不会给你第二次建立印象的机会”。

而在演说过程中，很多人也因为故事与演说主题不相符闹了笑话。下面的内容就是最鲜明的案例，演说者演说的主题本来是时代的变化，结果却举了下面这个案例：

从前，有一户人家，他家的菜园里有一块大

石头，石头的宽度大约为四十公分，高度为十公分。经过菜园的人，一不小心就会踢到那块大石头，所以很多人都因为这块石头吃了苦头。后来主人的儿子便问主人：“爸爸，为什么不把那块讨厌的石头移走？”

主人回答：“从你爷爷那个年代开始，这块石头就一直在这里，它的体积那么大，不知道要移到什么时候才能移走。与其想着移走石头，倒不如平日走路时小心一点。”过了几年，那块大石头的位置依然没有变。转眼间，主人的儿子已经娶了媳妇，当了爸爸。

有一天主人的儿媳妇问他：“爸爸，菜园那块大石头，我越看越不顺眼，改天请人移走好了。”

主人回答说：“算了吧！那颗大石头很重的，可以搬走的话，我早就搬走了，哪会让它留到现在啊？”

儿媳妇心里非常不舒服，因为那块大石头不知道让她跌倒了多少次。最后，儿媳妇实在忍受不了了，拎着一把锄头和一桶水，决定亲自动手，挖走石头。

来到菜园后，她将整桶水倒在大石头的四周。十几分钟以后，用锄头把大石头四周的泥土搅松。谁都没想到，几分钟内，她竟把石头挖起来了，最后成功地移走了它。原来，这颗石头并没有想象中的那么大，人们是被那个巨石的外表蒙骗了。

这个小故事并未与“时代的变化”这一主题产生直接联系。它告诫人们，面对任何事情时，都不应该只关注事物表面呈现出的结果，为自己设置障碍，而是要努力地寻找解决问题的方法。这就是故事与演说主题不相符的典型案例。

最后，开场白的风格要轻松、简洁，不可长篇大论。在演说过程中，如果开场白过于冗余，会让听者一直处于亢奋状态，不利于演说者后期对内容的引入。以上三点是演说者进行开场白时必须要注意的事情，只有将一段演说的开篇做好，才能打好整个演说的基础。

那么在一段演说的结尾，演说者该如何凝聚听众的目光呢？演说的收尾通常应体现为一些总结性的话语，主要总结贯穿于演说各个环节的关键内容。收尾环节可以有效地帮助听众梳理出清晰的思路。以企业家为例，一次成功的演说可以表现为一个商业计划书、一次项目路演。在短短的几分钟内，如果能够清晰地将自己的项目展示清楚，就可以快速地实现融资需求。在结尾阶段，要将感谢的话语表达出来。要通过对整个演说的总结让听众感觉到参加这次演说有极大的收获，每一次的演说都是为自己后期演说做铺垫，只有在一次次的演说中不断突破自己，才能不断地成长，不断地进步。

头脑风暴

1. 与“九宫格法”同名的思维导图法是哪个?

2. 如何利用九宫格进行思路梳理?

3. 九宫格有哪些独到之处?

4. 让演说内容具备高度概括性的方法是什么?

5. 设计开场与收尾的技巧?

6. 如何有效应对即兴演说?

第三章

讲出扣人心弦的好故事

很多演说者在开会或者公开演说的过程中，经常采用讲故事的方式。讲故事是一种简单而易于传播的演说方式，在演说过程中，优秀的故事可以为听众带来极大的鼓舞，好故事配合优美的语言，动人的情感，会强化听众对演说的信任感，从而为演说者后续的演说内容提供极大帮助。那么在演说过程中如何才能讲出好故事呢？

故事讲不好，也会尴尬

对于一个演说者而言，如何才能讲出一个吸引人的故事呢？首先，要善于观察生活，将生活中可能经历的点点滴滴总结出来，进行记录，将它转化为自己演说中可用的故事。好故事重在能够表达真情实感，让听众对此产生共鸣。以企业家演说为例，如果企业家举办企业管理方面的演说，可以搜集一些行业大咖的案例故事，作为演说素材。例如：雷军、马云。如果演说者想要塑造企业形象，那么可以讲述 “张瑞敏砸冰箱”的故事。如果演说者是一名恋爱专家，可以找一段优美又凄凉的爱情故事，讲述男女主人公如何走到了最后。当你发自内心地将这些故事讲出来时，听众的情绪便会慢慢被你带动起来。

在一场演说中，能够顺利把控听众的情绪，迅速地抓住听众的需求点，不断地刺激听众的敏感神经，这是演说者必须学习的一项本领。如果演说者真的可以在演说中实现以上环节，那么，听众将会有一种获益匪浅的感觉，这也是演说的最高境界。

一个好故事需要演说者在生活中用心地去发现，演说者可以养成一个习惯，每天在本子上记录令自己印象深刻的小故事。同时，对这些小故事进行归类。在故事的本身层面，进行拓展与思考，为自己提供一个无限遐想的空间，成功地打开自己在故事构造领域的逻辑思维，锻炼自己的自我构思能力与内容归纳能力，从而使你的故事可以有效地为演说主题服务。

然而，一个好故事的成型不仅需要过硬的内容，它还需要演说者具备强大的表达能力。在不同场合、面对不同故事，演说者都要将它讲成自己的味道，既不盲目遵从旧故事的风格，同时也不拘泥于枯燥的方式，让听众在感受故事本身的同时，对故事产生一定的思考。一旦听众的思维跟着你走，那么就说明你离演说成功又近了一步。

然而，在讲故事的过程中，演说者主要会面临两大问题：第一，没有故事可讲。比如：别人突然让你上台演说，你的大脑可能回忆不出任何故事。主要原因在于，演说者之前并没有好好积累故事，没有将它在头脑中固定化。第二，故事没有新意。可能你的故事并不少，但是你会发现，你讲出的这个故事没有新意，好像大家都知道。

没有故事怎么办

如果在演说过程中，面临没有故事的局面，就需要演说者主动积累所在领域中的 100 个小故事。这 100 个小故事可以从以下方面积累：

自己的故事。这样的故事属于真实经历，更能传达出个人的真实情感，也最能打动听众。

虚拟故事。比如，从书本或互联网上看到的虚拟寓言故事等。只要是演说者所在领域中比较打动人，比较有新意的故事都可以。它可以是生动的寓言故事、深刻的哲理故事、古老的传说故事等。把它们积累下来，写下来，然后讲出去。

身边的故事。例如：你的同学、亲人、朋友、同事以及公司里发生的故事。

名人的故事。因为在演说过程中，用名人见证是最具说服力的，所以，在日常生活中，关于名人传记类的图书要多看一些。

这些故事加起来不需要太多，只需要 100 个小故事就足够演说者在演说中运用了，我们要求这100个故事中，至少有50%是来自演说者身边的故事或是演说者亲身经历过的事，这样的故事讲起来更具真实感。

在日常生活中积累下自己的故事素材，可以选择每天写日记的方式，将一天中令自己最深刻的一件事情记录下来，并对它加以塑造，打造成故事的形式。未来有一天，当你翻开日记本，你会发现很多故事都是你在演说中可以采纳的。

所以，演说者要用善意的眼光去总结自己的故事，真诚用心地表达身边的感动，分享学习的经验，让自己的演说越来越动人。为了记住演说故事，演说者可以找三个不同的场合，将这个故事讲三遍，之后你便会对它印象深刻，这也是你记住故事最好的办法。不论是自己熟悉的人还是陌生人，你都可以给他讲故事。通过讲故事的方式，为自己缕清思路。

故事没有新意怎么办

很多演说者在演说时，经常会把听众讲得睡着了。其中一个重要的原因就是演说内容没有新意，而演说内容没有新意的关键就在于，故事没有新意。那么，如何才能让自己的故事有新意呢？这就涉及了讲故事的三个能力与三个技巧。

讲故事的三个能力

故事改编。当你头脑中缺乏故事，而你仅有的故事又不能引起听众的兴趣，那么你就需要对自己的故事稍加改编，为故事增添听众喜爱的元素。鲁迅曾说："世上本没有路，走的人多了也就成了路。"讲故事也可以形容成：这世界上本没有故事，是那些阅历丰富的人用自己的身体力行描绘出了一个个故事。所以，试着去发现故事，试着去写下故事，试着去改编故事。以如下小故事为例：

传说有一位国王招女婿。国王与公主站在城楼上面，举行招亲仪式。在城楼的下面有一条护城河，护城河里面全部是鲨鱼，护城河对岸都是这个国家最英俊的少年。国王说："哪个少年敢从护城河的对面游过来，我就把我的女儿嫁给他，这个人将是整个国家未来的接班人。”话音刚落，便有一位少年跳下河，扑通扑通地游了过来，并且成功游到了对岸。于是，国王拉着年轻人的手说：“是什么力量让你勇敢地跳下来并且成功游到了对岸呢？”年轻人说：“我也不知道是哪个挨千刀的，一脚把我踹下来了？”

如果以这种方式结尾，整个故事的基调就会变得很搞笑。它可能不适合一些比较抒情的演说场合。但如果我们对这个故事稍加改编，它就可以成为抒情故事的范本。

假设本次演说的主题是“爱情的力量是伟大的”。我们的改编可以从年轻人的回答上做文章。年轻人可以这样回答：“国王，您知道吗？在我很小的时候，您的女儿曾经救过我，在我快要饿死的时候，她递给了我一块面包。从那一刻起，我便将她奉为我一生的真爱与天使。无论上刀山、下火海，只要能娶到您的女儿，我都心甘情愿。所以，当您话音刚落，我便毫不犹豫地跳了下来，爱情的力量是伟大的，它帮助我实现了这个梦想。”

假设本次演说的主题为“人的潜力无限”，年轻人的回答便可以是这样的：“我曾经听说，人的潜力无限，不强迫自己一下，就不知道自己的能力有多大。所以，当您说完那句话后，我就决定试一试。在面临被鲨鱼吃掉的险境时，我激发出了自己的潜能，成功地游过来了。所以，我真的相信，人的潜力是可以开发的，只要你勇敢，就有机会克服不必要的障碍。”

所以当你成功收集到 100 个小故事时，便可以根据演说主题，稍微改编这些故事，让你的演说内容为你的演说主题服务。

自我创造。它是指由自己创造的故事，然而创造故事的原点一定要有迹可循。你创造的故事可以你自身的故事为依托，稍加改编。例如，在一次演说过程中，我想证明北京的交通很堵，当时是一个即兴话题，由于没有素材，所以我当时有些慌忙。但瞬间，我突然想起自己开车的场景。我说：“有一次我开车从西直门到机场接人。对方从南京出发，他登机时，我出发；对方下飞机了，我还堵在路上。

我有点搞不清楚，是北京太大了，还是交通太拥堵。”学员们听后都会心一笑。

在创造故事的过程中，你要考虑它能否发生在你身上。只要这个故事有迹可循，便可以为你的演说起到一个论证作用。

强迫产生联系。演说者讲述的所有故事必须与主题产生联系，如果在演说过程中发现演说需要的故事与主题偏离，就要努力让二者回到相同的轨道上，我们将这种方法称之为强迫产生联系，这是辩证唯物主义中的联系观点。

联系观点认为：世界是一个联系的整体，事物之间存在着普遍的联系。例如：青蛙与人之间可以发生怎样的关系？如何将二者联系在一起呢？

第一，温水煮青蛙。你可以这样说：“人们在成长过程中，绝对不可以存有温水煮青蛙的心态，要始终保持一种忧患意识，只有时常保持忧虑意识，不断刺激自己，才能在激烈的竞争中找到自己的立足点。”

第二， 井底之蛙。你可以说：“人们一定不能只做井底之蛙，只看到一点点天空。人们的视野一定要开阔，从而不断提升自己的能力，为自己创造一个美好的未来。”

第三，青蛙体现了一种跳跃式思维。跳跃式思维指人们的思维模式不能固化，一定要跳跃式发展才能让自己更上一层楼。

有一个《驴子填井》的故事，也可深刻地体现强迫产生联系这一点。

有一个农夫，带着驴子去耕地。走到一片树林，树林里面有一口枯井，驴子一不小心掉了进去。于是，农夫想尽办法救这头驴子，可最后还是没有将驴子救上来，此时的农夫绝望了。于是，农夫便想把这口井填起来，以免其他的动物也掉进去。当农夫拿起工具向井中填土时，驴子感到了绝望，仰天长啸，叫了一会儿竟不叫了。于是，农夫就向下看为什么驴不叫了，农夫发现这头驴子非常聪明，自己每扔一锹土，驴子就抖一抖身子，土掉在地上，驴子马上踩上去，当这个井被填平时，驴子就出来了。驴子非常高兴，舔了舔它的主人，好像在感谢主人。这个故事告诉我们，有可能落在我们身上的难题会成为我们通向成功的基石。

那么，驴子填井这个小故事如何与实现梦想发生关系呢？二者可以这样联系在一起：其实，每个人心中都有一个梦想，但不可否认的是，当我们在实现梦想的过程中，会遇到重重阻挠，有许多困难需要我们解决，我们还在摸着石头过河。但我相信，只要我们在失败面前不害怕，在困难面前不气馁，我们一定会实现自己的梦想。

讲故事的三个技巧

在日常讲故事的过程中，要掌握如下几个技巧：

描述细节。所有故事的塑造都要讲细节，尤其是非常细腻的细节点描述清楚。只有这样，听众才能迅速地进入状态。例如：你想描述乔布斯如何进行演说，那么，你就要将乔布斯的演说内容、肢体动作以及展示材料描述出来，让听众对他的演说风格有更清晰的认识。

进入角色。进入角色指演说者要走入故事角色中，让听众有一种身临其境的感觉。这就是故事的巧妙之处。通过对情感的表达，让听众头脑中出现一幅画面。

参与互动。演说者要与听众产生互动，通过故事了解听众的接受程度，看听众是否对这一故事有所感悟，进而引导听众理解这个故事反映出的哲理，而不是去疏导或者直接告知听众这个道理。在这一环节，演说者要适当地对听众进行提问，让听众自己来发现故事的价值，真正发挥讲故事的效果，让故事为主题服务。

好故事应该这样讲

听众在听故事的过程中，并非期待演说者为他们讲述哲理，而是期待演说者让他们自己去参悟哲理。因为在听故事的氛围中，如果听众能够自己参悟到其中的哲理，便会深刻体会到这场演说为他带来的价值。这就是我们常说的“没有人喜欢听道理，所有人都喜欢听故事”。所有演说的高手都是讲故事的高手。每位成功的演说者，在他们内心深处都有一种情怀，而这种情怀往往是因为演说者背后发生过某些动人的故事。

接下来我们将会通过一段爱情故事以及企业家故事向大家展示：什么样的故事才是好故事。如下案例是一段真挚的爱情故事，很多听过这个故事的听众都沉浸在这种感情里，被故事深深吸引。它的文字并不优美，却在无形之中传达了一种真情实感，让听者感动。

爱情故事篇

在很久很久以前，有一位美丽的小姐，她出身豪门，身家万贯，却始终没有找到令自己心仪的另一半。有一天，她去逛庙会，在茫茫人海中，她一眼就看中了一个身穿白衣的少年。她猛然发现，这个白衣少年竟是在她梦里出现过无数次的人。于是，她认定这个身着白衣的少年就是她一生想要追寻的另一半，也将成为她心心念念的白马王子。但由于庙会的人太多，她只看到少年一眼，少年便消失在人群当中，从此这位小姐再也没有见过那位少年。

回到家中，女孩开始变得忧郁，她把自己关在房间里不愿出门。她每天都在祈祷佛祖能够显灵，能够让她与那位少年再见一面。终于有一天，佛祖显灵了！佛祖问这个女孩：“你真的想要再见他一面吗？”女孩说：“是的！我真的想再见他一面。”佛祖说：“无论付出什么代价，你都愿意吗？”女孩说：“是的，无论付出什么代价，我都想再见他一面。”佛祖说：“如果你想再见他一面，你可能要等 500 年，你甚至会化作一块石头，你不后悔吗？”女孩说：“我不后悔，只要能够让我见他一面，付出什么代价我都愿意。”

于是，佛祖帮女孩实现了这个愿望。佛祖将女孩变成了一块石头，她失去了所有，她的家产，她的亲人，甚至后来她被砌成一个桥墩。经过 500 年的风吹日晒，苦苦等待，当女孩已经无力再等下去时，突然有一天，她发现那个少年从桥的另一头远远地走过来了。此时，女孩的眼泪止不住地流下来了。对，没错，这就是女孩苦苦等待500年，无数次在她的梦中不断闪现出穿着白衣的少年。

当这位少年走近桥墩的那一刻，发现桥墩湿漉漉的，可他却不知道为什么。于是，少年轻轻地叹了一口气，便缓缓地离去了。看着少年的背影渐行渐远，慢慢消失在她的视野中，女孩再也止不住自己的眼泪。此刻佛祖显灵了，佛祖问她："你已经见他一面了，现在你总该满意了吧？"女孩说："不，我不满意，难道就不能让他跟我待一会儿吗？"佛祖说："你已经等待了500年，难道你还想等吗？难道你不后悔吗？"女孩说："我不后悔，只要让我跟他待一会儿就可以。"

于是，佛祖又一次满足了她的愿望，把女孩变成了一棵树，这棵树立在一条官道旁边。经过500年的风吹雨打，这一次女孩子变得非常平静，因为她知道不到500年的最后一天，她是没有办法等到她心仪的另一半的。

有一天这棵树的叶子特别绿，似乎意味着今天将要发生一些事情。果然，临到中午时，透过枝叶，女孩远远地看到一个穿着白衣的少年向她缓缓走来，女孩惊喜万分，对，这就是她又用500年等来的那个少年。当这个少年走到树下时，也许是因为太累了，也许是因为太热了，他转身抚摸着树干，然后背过身缓缓靠在树身上。少年闭上了眼睛，休息了一刻钟，但仅仅是一刻钟，他便睁开眼睛起身。也许是为了表示感谢，少年在临走时回头摸了一下树干，然后便转身离开了。看着白衣少年缓缓离开的身影，女孩再次流下了眼泪。

这一次佛祖又显灵了，佛祖问她：“这次你总该满意了吧？他跟你待了一刻钟。”女孩无法控制自己的眼泪，扑通一下跪在了佛祖面前。她说：“不，难道真的不能让我跟他在一起吗？”佛祖说：“你已经等了他1000年，难道你还不满意？

难道你不后悔吗？”女孩说：“我不后悔，只要让我跟他在一起，做什么我都可以。”于是，佛祖再次满足了她的愿望，这次女孩要在人间轮回800年，她要经历800年的生老病死与生活变化。这次女孩依旧很平静，因为她知道，不到800年的最后一天，她还是见不到让她心仪的白衣少年。800年的轮回，让女孩明白了很多。

佛祖再次显灵，问她：“你还等吗？”女孩说：“我不等了，我放弃了。”于是，佛祖就叹了一口气说：“你这个决定太好了，这样另外一个男孩就可以少等你1000年。”原来还有一个男孩在等女孩。

这个爱情故事向我们传达出：好故事重在有真情实感，有高潮起伏，有详尽的细节描述。无论演说者采用怎样的方式来营造故事氛围，都要让自己的故事有打动别人的亮点。这个亮点可以是催人泪下的爱情、鼓舞士气的豪情等，加上人物的心理活动、语言以及动作，最终打造出一个动人的好故事。

企业家故事篇

在企业家群体中，有一个人非常会讲故事，这个人就是张瑞敏，张瑞敏砸冰箱的故事为海尔赢得了信誉，并迅速解决了海尔的信任危机。其实，如果张瑞敏一讲故事就说海尔冰箱品质特别好，生产线、工艺特别好，大家是不愿意听的，甚至会非常厌烦。但是如果换作另外一种方式就不同了。

1985 年，海尔的一位用户举报：海尔工厂生产的冰箱存在质量问题。

作为首席执行官的张瑞敏突击检查仓库，发现仓库中还有 76 台不合格的冰箱！当时海尔的高层开会决定：将剩余的 76 台冰箱作为福利发放给本厂的员工。就在大家纷纷支持这一决定时，张瑞敏却做出了惊人之举：召集员工开集体大会，将 76 台冰箱全部当众砸掉！而张瑞敏提出的条件就是，这 76 台冰箱要由生产这些冰箱的员工亲自砸。

听到张瑞敏的决定，很多老员工都纷纷落下了泪水。因为，人们买个电器都要心疼，何况是亲手砸掉 76 台冰箱呢？在那个物资极度紧缺的年代，别说是正品冰箱了，就是质量有问题的冰箱也要凭票购买。因此，这个决定令海尔员工和高层都无法接受。但张瑞敏明白：如果放任这些产品流向市场，无疑相当于毁了海尔的品牌。张瑞敏觉得，在冰箱质量的问题上，不能采用任何姑息错误的做法，否则，今天是 76 台冰箱，明天就会是 760 台，甚至是 7600 台。所以，在这件事情上，不可有一丝犹豫。

最终，张瑞敏凭借着砸冰箱的行为，真正砸醒了海尔人的质量意识，也砸出了海尔的信誉。从此，在家电行业，海尔一步步成为龙头企业。而海尔人也将当初的那把大锤摆在了海尔的展览厅里，让每一名员工都意识到质量问题的重要性。

1999 年 9 月 28 日，张瑞敏在《财富》全球论坛·上海站说：“这把大锤对海尔今天走向世界，是立了大功的！”

海尔通过讲故事的方式，瞬间打造出了自己强大的企业品牌。现在，如果你问消费者，买冰箱买什么品牌时，他们会毫不犹豫地告诉你：海尔。一个优秀的故事可以在无形之中为企业带来巨大的益处。这种简单、直接的传播方式形成了最强大的口碑传播途径。在人们的口耳相传中，成功地完成了对一个企业品牌的塑造。

紧扣主题，成就好故事

在演说过程中，如何才能将故事的作用发挥到极致，如何描述故事才能让听众更好地融入到故事的氛围中呢？演说者要时刻谨记，无论你讲述的故事是什么，都一定要做到故事内容与主题相关。如果两者之间存在出入，要及时地进行调整，从而达到演说效果的最大化。以我个人的故事为例：

我上大学时，所学专业为食品科学与工程。作为家中唯一一个大学生，我是全家人的骄傲。但因为大学的专业是食品科学与工程，以至于母亲认为我学做面包了，竟不愿意提起我的专业。我的母亲文化程度不高，如果对她说，食品科学与工程是生命科学的分支，是研究生产工艺与规模发展的，母亲一定会很难理解。后来，我对母亲说："妈，我真是学做面包。但我们做的面包是一般人做不出来的。我们做面包是研究怎样在最短的时间里生产出来大的面包，怎么使生产出的面包不仅解决饥饿问题，还可以解决食品储备问题。我们生产的面包，不仅仅可以放在超市的货架上储藏 7 天，甚至可以储藏 1 年。"母亲一听很高深，从此出门又再次扬起骄傲的脸庞。所以，口才的最高境界其实可以称为"大道至简，深入浅出"，必须让所有人都听得懂才可以。

大四即将毕业时，母亲要求我去考研究生。但我自己不喜欢，内心无奈却又必须遵从母命，于是我开始准备考研究生，在复习考研知识时，我突然发现，卖考研资料很赚钱。于是，从那天开始，我就没有好好复习考研知识，而是建立了一个网店，开始卖考研资料。这是我第一次在淘宝网开网店，算是我的第一次创业。那时，我每月的收入能达到 4000 元 ~5000 元。这些资金对于一个学生来说是很高的。因为当时我一年的学费是 5200 元。就这样，我卖考研资料一直卖到了考前一个月，突然发现自己还没有复习，于是，硬着头皮上了战场。我考研报考的专业是微生物专业，其中有一个考题仍令我印象深刻，即简述一下微生物的发展史。

由于并没有复习相关知识，所以在考试的时候，我便洋洋洒洒地写了一篇 800 字的小说，叫《微生物与人类的大战史》。写完之后，我在试卷下面写了一句：亲爱的阅卷老师，如果这篇小说打动了您，请酌情给点分。”最后成绩出来，这门课我得了35分，结果可想而知，没有考上研究生。

大学还没毕业，我就开始出去实习，去到一家号称“排行中国农牧企业前10名”的大型农牧企业。我在这家企业做销售代表，销售饲料。我每天要开着自己买的一辆500元钱的破摩托车到处去拜访养殖户。一次，一个下雨天，恰巧养殖户家距离我的住处200多里。于是，我骑着小摩托车一路狂奔了200里，带着一袋饲料，暴雨之下，场面异常悲壮。回到宿舍后已经晚上9点了，于是，我写了一首诗叫《驾驹狂奔200里》。很多人不解，为什么一次骑车的经历竟会让我的印象如此深刻呢？因为在骑车途中，在一个拐弯处，摩托车突然倒掉，我的脚踝被刮破了，血淋淋的一片。这时候，我只能告诉自己扶起摩托车继续往前走。

卖饲料不到半年，我就被调岗了。第一次工作是给怀孕的母猪测孕。每天拿着B超机为怀孕的母猪测孕，干了两个月后又被调岗了。第二次的工作是给发情的母猪配种。当时的工作流程如下：每天吃完早饭，带着猪精箱子，在经销商的指引下来到养殖户的家里，走进这个养殖户家中的猪圈，看到猪圈里面一个个母猪，找到发情的母猪，慢慢走近它，紧接着拿出设备进行操作，为母猪受精。

母猪人工授精技术是一项非常科学的生猪饲养技术，当时为一头母猪配种大概赚 2.5 元钱，我每天为 20 多头母猪配种，每天赚 50 元钱，一天下来，人已经累得精疲力尽。实习期间，900 多名大学生还剩下 300 多名，其余的全部辞职了。当时我也在纠结，是选择离开还是继续为母猪配种。

我曾经担任 15 年的学生干部，当时我的直觉告诉我：这么大的集团会选择 900 多名大学生下乡配种，并不是公司的本意。公司可能在考验这批大学生是否能吃苦耐劳或者想看看学生们有没有更好的配种方法。所以，我琢磨着：如果自己能解决这个问题，自己将会向前走一大步。

于是，我开始将思考的原点归于自身，我认为自己最大的优势是演说，如果能够走上讲台，我就会有挡不住的灵感，那时就可以教给村民配种知识，实现一对多配种，而不用再花费过多精力进行一对一配种。于是，我开始拜访各地的村支书，然后将全村的养殖户集中在一起进行培训。为了增强演说效果，我还为演说取了一个特别吸引人的名字，叫“如何健康生出猪宝宝”。

本着70%做教育，30%做推广的原则，我开始为各位养殖户讲述：如何健康生出猪宝宝。

首先，必须要配备好饲料。说这一点在于我本身就是卖饲料的，通过这种途径间接地为自己的店铺做一次推广。

其次，必须要拥有好的猪种。“种瓜得瓜，种豆得豆”，有什么样的猪种才能生出什么样的小猪。提到这一点在于我本身是售卖猪精的，加深村民们的购买印象。

第三，必须要有科学的饲养技术。要告知养殖户，不能让配种人员为自己的母猪配种，每个养殖户要亲自为自己的母猪配种。因为如果是其他类型的猪，可能会携带猪病。为了母猪的健康，养殖户都非常认同这一观点。对于我来说，这在很大程度上解决了我自己不想为母猪配种的问题。可是养殖户又问了：“我们自己不会为母猪配种怎么办？”我说：“没关系，我可以教你们。”于是我现场拉了一头母猪，为养殖户进行现场示范，当场教养殖户学习配种。

演说结束后，我在镇上租了一间房子，买了一台冰箱，将猪精放进去。每天看电视、嗑瓜子，生意不断，每天都有养殖户来买猪精，一包我卖5元钱。原来一袋猪精卖5元时，经销商可以赚2.5元，现在我直接将经销商的活干了。因此，我每天赚得的钱比其他大学生一个月为母猪配种赚得钱还多。

也正因为这样，我得到了公司领导的重视。董事长的特助亲自给我打电话，询问我是如何做到的？回到公司之后，我便将这个经验分享给了公司的其他大学生。所以短短一年零三个月的时间，我连升5级，凭借着优秀的个人能力，直接成为900多名大学生中第一个当上大区经理的人。基础年薪25万元，加上奖金共50万元。

每当讲述一个故事时，演说者都要进入角色。一旦演说者进入角色后，整个演说才会更加生动，这是演说最基本的套路与公式。通过一个观点，讲述一个故事，得出一个结论，这是演说最基本的要素，也是形成演说稿最基本的内容与结构。如果我们将演说稿比作是一个组织或人体，那么故事就相当于人体中的某一个器官与细胞。所以现在我们要训练这个公式，提一个观点，讲一个故事，得一个结论。

所以，当你在讲述一个故事时，不能单纯地只去叙述一个故事。首先，要让自己的情感与故事传递的理念相融合。

徐保国满怀情感诠释故事的瞬间

其次，要让演说故事更好地为你的主题服务。第三，用最真诚的态度去打动听众。通过你的故事与听众之间产生互动。一个好的故事是演说者与听众交流的最好方式，也是快速凝聚听众注意力的法宝。“有故事，讲故事，讲得好”是一个演说者必须具备的要素，也是一个企业家实现免费企业宣传的巨大突破口，好故事需要每个人在生活中一点点地发现。

打造自己的神奇故事

演说者在进行演说过程中，一定要拥有自身独特的神奇故事。这个神奇故事可以浓缩为你的个人经历。通过你的个人经历，让听众更加了解你，从而树立起自己的专业形象。在演说者描述个人故事时，一定要有刺激听众的点，要学会描述细节，让听众感觉前一秒生活已经失去希望，可后一秒却奇迹般地活过来了，因为一个信念，因为一份追求，最后成功了。那么演说者该如何打造属于自己的神奇故事呢？黄怒波在第 15 期《开讲啦》的励志演说稿，名为《苦难是一种财富》，内容如下：

我们都有一段难忘的过去，而且我们这代人的过去与现在的年轻人不同，现在的年轻人没有吃过苦，不会理解今天站在这儿的这个人为什么这么矫情，但是因为今天我在你们的眼里算是个有钱、有地位、有话语权的人，所以我有资格来讲讲我的过去，讲讲我的苦难，因为那是一代人的记忆，因为那是我经历的苦难，是我的财富。

我的原名叫黄玉平。童年的一次经历让我记忆犹新，我骑着自行车来到黄河边，周边很荒凉，我一个人坐在黄河边，心里非常害怕。因为黄河太宽了，还没有声音，当时波浪不停地敲打堤岸。我想，我这一辈子都要像黄河水一样，不怕挫折与苦难，在困难中越挫越勇。于是，就改了名，叫黄怒波。虽然我曾叫黄玉平，然而却一点也不太平。因为在我刚出生时总是没日没夜地哭，家里人都叫我丧门神。小时候爱尿炕，我的屁股总是被打肿。渐渐长大了，黎明时分，母亲出去拉土，在锅里留下两个洋芋，哥哥总是抢先，将它们吃得一丝不剩。寒冬腊月，我的手脚全部冻裂了，鼻涕很多，抹在袖子上又黑又亮，干在衣袖上硬得刀枪不入。上小学时，我是班级同学眼中“想当然”的贼。谁丢东西，老师都会翻我的书包。同学们在一旁鼓掌，我却要偷偷地哭。从小没戴过红领巾，这是我童年永远的痛。

我小时候，父亲每天装病，攒下一点儿药，三个月后一口气全部吃了，死了。等母亲去为父亲收尸时，却找不到父亲的尸骨，从此就再也没有找到。

在我的头上有一个很大的疤。记忆中，如果我同别人打架，把别人打了，那么别人的爸爸或哥哥一定会来揍我一顿。但是如果我被人打了，回家后妈妈就会再打我一顿。在我大概五六岁时，我和一个孩子打架，我把那个孩子打了，他的爸爸找到我，将我抱起来，叫他的孩子拿着石头砸我。我当时就被石头砸到，躺在了地上，醒来回家后又挨一顿打，只记得那时我浑身都是血。

我印象最深的一次经历是：有一次我特别饿，在我家门口的大街边，有一小节麻花，我看了看，最后决定把它捡起来吃，一咬，竟然是小孩儿拉的粑粑，这件事让我终身难忘。那时邻居小朋友的爸爸是名厨师，我们最大的享受就是每个星期厨师从外边回来，拿一袋骨头往地上一倒，我们就像狗一样疯抢。我们抢它干吗呢？因为骨头里边有很多骨髓，客人是不会吃的。我们抢过来后，就找东西把它砸开。砸得时候，蛆就从里面流出去，我们把蛆挑掉，吃里面的骨髓，那个香味我到现在都忘不了，它贯穿了我整个童年。

大家现在可能一碰到下雨天，先想到的就是雨衣，天凉时想到的就是棉衣，而我想的是什么，你们知道吗？我先想象现在是收麦子还是打场的时候。我记得有一年，我们辛苦了一年，当我们割了几天麦子以后，麦子全部被割倒了，可一场大雨却来了，这场雨整整下了 7 天，我们只能每天在地里哭。哭的原因就在于，麦子长在地里我们收不起来，又重新长出了芽，我们这一年白干了。这就意味着：第一，我们没有工分赚了；第二，我们必须吃整年的黏麦子。

很多人不知道，麦子长芽以后是不能卖的，也不能给别人吃。如果给牲口吃人们还舍不得，只能自己吃，但这个麦子做的所有东西都是黏的，所以，那一年令我印象深刻，我这一辈子都不会忘了那一年，因为打心眼里知道每一粒粮食是怎么来的。所以，在经历这么多以后，能够挽救我的只有读书。

在我的生活中有两个世界：一个是很残忍的现实世界；一个是我梦幻中的书本世界。在接触书本后，我开始写诗。诗歌的世界拥有无限美好，我向往的就是那些美好的东西，正因为那些美好才成就了今天的我。后来我进入中宣部，在北京上班。但反过来想想，难道我就这么活下去吗？我吃了那么多的苦，受了那么多的难，难道就是为了今天的享受吗？我既然叫"黄怒波"，我必然不允许自己过这么安逸的生活。我一定要自己出来经商。在大家眼中经商是什么？经商便是进入了一个战场，每天你必须像一头狼一样。首先，你得学会生存下来，其次就是挣钱。

既然走入了商场的竞争中，就要付出很多的代价。我从中宣部走出来，变成商人时，要丧失掉很多尊严。有时候，你得学会不要脸，这个“不要脸”不是骂人的。我记得很清楚，有些人一听你的企业是小企业，他都不会看你一下。还有的外宾趾高气扬，当时我们对外宾的礼遇极高。外宾看到我们就会想：你们这帮穷小子，西装都不会穿，所以，外宾连手都不愿意跟我们握。就是带着这些耻辱，我们一路走了过来。当然，做企业不仅是看表面，还要看你怎么做，将思想转化为行动。我很自豪的一点就是：在我做企业的时候，我做了一件事，保护了一处世界文化遗产——宏村，让一个小村子变成世界文化遗产，它就会永远留存下来。

后来我就想，在做企业的过程中，如果我们每个企业都想着去创造、去创新，通过自己的努力给社会上其他的人提供一些他们想不到、做不到的东西，这样，企业的精神就是坚固的。那什么叫百年企业呢？例如：我做好一个企业，在100年以后，宏村还在，100年以后楼还在，100年以后企业财富就归各个基金，归在北大，这才是真正的企业家。

后来我感觉企业做得不错了，驾轻就熟，没有太多刺激。心想：挣钱不就这么回事吗？还得找点苦活干。那我干什么呢？那就和王石一样去登山吧！所以，我大概用了20个月的时间，就把七大洲的高峰、南极、北极都去完了。

在2009年，我以为上珠穆朗玛峰很容易，但是当爬到8700米的时候，因为各种各样的原因，我失败了！当时心里很郁闷，是上还是下，上去就可以看到珠穆朗玛峰的顶峰，此时我的队友正在过第二个台阶。但是如果上去我很可能就不会活着回来。所以，这个时候我做了一个决定，下去。后来在下到6500米的一个台阶时，我把冰爪脱掉，在那里放声大哭了一场，当时身边的人谁也不吭气，不劝我，等我哭够了，我发誓说我一定要回来。

于是，在2010年，我又回到了珠峰，从南坡登顶。大家以为“算了吧！你别再登了，都已经登顶了”。但我不，2011年我又从北坡回去登顶。别人说：“你为什么这么做？”。我说：“因为失败，我再归来。”每次登到顶峰就想哭，每次都会在心底默默告诉自己“千万别哭，千万别哭，别流泪”，但是你会情不自禁地哭出来，哭到最后不流泪。为什么呢？因为我懂得了登顶是为了活着回来。成功是什么，是为了让你存在下去，我把我每件事都做好，做好以后我不让它失败，这样便可以留给别人。

当我们看到这一个个鲜明真实的案例时，我们在头脑中就会想到：“黄怒波到底是何方神圣呢？”原来黄怒波是北京大学中文系的毕业生，现任北京中坤投资集团董事长。通过黄怒波的故事，我们可以看到一个人半生的奋斗史。他的故事并没有过多的言语修饰，只是通过简单与朴实的话语向听众传递出一种真情实感，他对生活的价值观与方向感正如他的名字黄怒波一般，潮起潮落，不断地冲击，最后不断地进步。

那么，对于其他演说者而言，如何才能打造出自己的神奇故事呢？我们常说："吸引人的故事才是好故事。"黄怒波的故事涵盖了他自己从小到大的经历，其中关于黄怒波童年的苦难经历令人印象深刻。所以，当你在塑造一个神奇的故事时，首先，要让自己明白，你自身具备的核心关注点是什么？是一份不服输的精神，还是外界环境的压力迫使你不得不强大，找准自己内在的核心关键尤为重要。

其次，要学会具体的描述细节。听众在听故事时，如果能够有一种身临其境的感觉，你的故事就已经成功了一半。例如：黄怒波的故事中，在描述与童年时期的小朋友一起抢骨头的经历，他将细节描述得非常详细，让听众能够感同身受。

再次，合理安排故事结构。演说者讲述的故事一定要让自己有感觉，如果连自己对这个故事都不感兴趣，那么你就很难让听众对你的故事感兴趣。一个完整的故事结构包含以下几大要素：人物、时间、地点、事件的起因、经过、结果。将这些要素融合在一起，才能形成一个完整的故事。

因此，演说者在讲述故事时，第一，要将故事涉及的时间、地点以及人物交代清楚。让听众对故事的基本信息有一个了解，不至于因为演说者信息传递得不充分而失去听故事的耐心。第二，演说者在讲述故事时，要将故事发生的起因、经过、结果体现出来。在故事高潮部分，要融合自己的有声语言，将故事声情并茂地讲出来，好故事重在呈现与塑造。第三，为听众留下思考的空间。让听众对故事产生共鸣，从而在演说者的引导下，主动地思考与演说主题相关的内容。

最后，好故事需要适当地虚构。你可以对自己的故事适当虚构，增加一些新内容，但绝对不可以扭曲事实。所谓的“虚构”只是增加情景感，甚至是让故事的情节发展至高潮，这样你在讲故事时就更有画面感，更容易为听众接受。

一个好故事需要长期的沉淀才能够完成。同时，好故事是塑造企业家个人形象的绝妙武器。故事的传播性极强。所以，在演说者讲述出一个动人的故事时，被演说者故事所吸引的听众就会自动充当故事的传播者，一个好故事便可轻松成就一个人的好形象。

☆

头脑风暴

1. 讲出扣人心弦的好故事需要几大关键?
2. 当你面临没有故事可讲的尴尬场面时，该怎么办?
3. 如果你的故事无法引起听众的兴趣，你该如何有效解决困境?
4. 讲故事必须具备的三重境界是什么?
5. 讲故事必须具备的三大原则是什么?
6. 如何讲一个荡气回肠的爱情故事?
7. 巧用细节讲故事的关键是什么?
8. 如何打造自己的神奇故事?

下篇 利刃出鞘震三军

——演说实战大演练

第四章　企业营销必备的好口才
第五章　构建强势企业：用语言来打动人心
第六章　好口才带来好生意

第四章

企业营销必备的好口才

随着社会的不断发展进步，传统会议营销面临着巨大挑战。依靠简单开办会议的方式来实现企业营销已越来越不符合消费者的需求。作为企业公开的演说者及代言人，每一位企业家都应该着眼于新型社会。每一个企业家更应该关注的是，如何用自己的语言来打动客户，快速实现产品成交。

会议营销应该这样做

会议营销就是企业家、销售人员发挥好口才，宣传企业品牌与产品的关键时刻。会议营销最主要的目的在于，通过会议的筹办，成功使参与人刷卡付费，从而赢得整个会议的最大收益，实现一种现场交易的模式。一次成功的会议营销会让听众受益匪浅，它能够让听众真正地沉浸在整个会议中，享受你为他带来的服务。只有将听众吸引住，你才有机会向听众传递更多的知识与信息，最终实现成交。

那么，在会议营销过程中，企业家该如何找到用户的需求点呢？换句话说，应该从哪几个维度着眼呢？

激发顾客的购买欲望

在任何会议营销过程中，引起客户对产品的兴趣，都是会议成交的关键。而一旦客户对你的产品失去兴趣，便说明你在整个会销过程中已经失去了主动权。那么在会销过程中，该如何引导客户，让客户真正对你的产品感兴趣呢？会议销售过程是一个循序渐进的过程，需要销售人员一点点地引导客户，最终实现产品成交。

会议营销的导入技巧

其实，销售人员在进行会销时，应该向顾客回答的基本问题是："产品的价值在哪里？"当一名销售人员在面对客户时，应先让双方之间的关系熟络起来，不能在双方完全陌生的情况下进行交易，否则会造成一个失败的销售结果。销售人员在与客户的不断熟络中，便可以慢慢渗透出对产品的解说。而在进行销售引入阶段，销售人员的话题可以围绕着如下两方面展开：

展示产品价值，而非价格。其实，购买产品的客户通常包含两类：第一类，考虑产品价值是什么，产品的价格高不高；第二种，完全关注产品价值。从客户的两个关注点着眼，我们便可发现，销售人员在进行会议营销引入环节时，要更加强调产品的价值。销售人员向客户展示产品的安全度，适用的广泛度，性价比程度，传达出你的产品能为客户带来什么。随着人们生活水平的不断提高，人们对于金钱层面的关注没有以前强烈了。所以，产品价值就是企业可以为客户提供的最好服务。

证明你的产品有价值。对于客户而言，即使销售人员将产品描述得再好，客户都会觉得不真实。因为客户始终相信一句话：眼见为实，耳听为虚。只有亲眼见证你的产品有价值时，客户才会心甘情愿地打开钱包，支付相应的费用。

介绍产品的三大维度

把握营销角度。销售人员在向客户推销产品的过程中，营销话术一定不可一成不变，应针对不同客户的不同需求酌情调整。假设企业为投融资平台，企业产品有好项目投资部分，还有融资服务部分。那么针对不同的产品，企业的核心客户就会不同，一个为投资人，一个为融资人。所以，在面对融资客户或投资客户时，销售人员要向他们分别展示出他们需要的东西。这样才能直击客户的需求点，避免出现信息传递不对称现象。

把握营销时机。在销售人员进行销售时，要把握好时机。对于大多数会销来讲，都会邀请一些讲师来现场为客户传授知识。所以，当客户全神贯注地听课时，销售人员最好不要去打扰客户，因为这样很可能造成客户的反感，最终使会议营销搁浅。

而会议营销成交的最好时机便在于，引起客户的好奇心，让客户主动来找你询问，最终由销售人员不断引导，实现成交。

爱产品，促成交。对于任何一位销售人员而言，在展示产品的过程中，必须保证自己是爱产品的。因为，当你在和客户传递信息的过程中，客户便可以感受到你是否热爱产品，甚至也可以感觉到你的产品是否真正地具备这一价值。

同时，销售人员一定要对企业产品性能烂熟于心。只有这样，在向客户展示的过程中，才能完整地表达出你的产品特性。

通过以上几个环节的不断推进，便可让客户进入会议营销的最终环节——成交。

提供高效增值服务

在会议营销中，客户一方面会对会场的产品感兴趣，另一方面会对服务感兴趣。每一个会议都会保持自身的特色，然而一个必不可少的因素是附加在产品中的增值服务。在营销过程中，如果销售人员想要客户主动成交，就必须有足够吸引客户的附加产品，卖产品的同时不能是简单地卖产品，还要卖服务。

你的产品可以是一门课程，可以是实体物品。当你在销售一门课程时，要让客户感觉到，在产品背后隐藏着附加值，同时销售人员要将产品的唯一性与独特性传递给客户。在进行产品销售时，一定要向客户展现出这个产品为客户带来的益处，或者说产品的核心价值是什么。

在会议营销中，参与者的热情度一方面取决于现场主持人的调动，另一方面也取决于产品内在的吸引力。当客户对你的产品感兴趣时，就说明你的产品能为他带来极大的价值。那么企业该通过何种方式来展示自己的产品是最好的呢？

首先，产品一定要有区别于其他同类产品的特色。即产品本身有自己的核心竞争力。比如：作为一个亲子教育类产品，你的产品可以通过简单的测评系统，迅速锁定亲子之间存在的矛盾与问题。

其次，你的产品能在短时间内解决客户的痛点。当客户面对一件事情束手无策时，你的产品会是最好的解决办法。客户购买产品时，可以得到专业讲师的咨询机会。这就是产品带来的附加价值。

第三，通过购买产品，使客户获得新的体验。例如：如果学员免费来学习企业融资，而我们的产品就是一个价值 5000 元的，为企业进行融资布局的增值服务。只要客户购买这一课程，就会有专业的人士来为客户梳理商业模式，提升客户在融资领域的综合实力。让客户在感受产品价值时，被产品传递出的实用信息所吸引。

一个优秀的会议营销应达到的效果是：当客户一股脑地刷了卡之后，他的心里依然非常感激这次会议。因为这次会议给他带来的远远不只是一次交易，而是交易背后存在的价值。

让新客户成为老客户

会议营销作为一个会议精神的传递载体，可以聚集大量的人脉。在参会过程中，主办方可以通过互动与调查的方式增加用户粘度。确保每一次的会议都可以成为收集资源的活动，在每一次筛选用户的过程中，获得最大的成功。

对于会议主办方来讲，客户的粘度指数越高，成交率就越高。面对众多的陌生人，只有不断地将用户细化与分类，才能在互动过程中找到客户最需要的点。通过现场充分的交流，从而实现客户与客户之间最大程度的资源互换，达到共赢。一场优秀的会议营销最重要的就是，要做好客户的维系工作，最理想的状态是，让你的新客户成为你的长期客户。那么，企业该采取什么措施才能保证客户粘度的长期有效性呢？

建立信任度

在举办会议营销过程中，销售人员一定要特别关注一点：如何能在开场以后，迅速消除客户对本场活动的怀疑度。消除客户怀疑度的另一种说法称为“如何快速地建立起客户对销售人员的信任度”。这就对销售人员的销售话术有一定的要求。换言之，销售人员如何才能迅速地俘获客户的心呢？

首先，销售人员要让客户感觉到，你的活动能够为他带来巨大的价值。销售人员要主动地为客户创造他们需要的信息，引导客户跟着自己的思路走。因为当一场会议营销展开后，就是“一个流程，多种收效”的结果，客户不会给你第二次销售的机会。所以，销售人员必须把握好机会，迅速地与客户打成一片，让客户了解到，你有的东西别人没有。当你塑造出产品独一无二的价值时，客户就会自然而然地为你买单。

其次，要学会去鼓励、赞美客户。让客户感觉你是发自内心地赞美他们。销售人员可以赞美客户的想法，赞美客户的能力，让客户感觉到你在关注他，而不会有一种被冷落的感觉。

徐保国正在做会议营销

第三，与客户保持互动。有效互动是增进销售人员与客户关系的桥梁。在互动过程中，销售人员可以有效地把握住听众的心理状况，从而拉近与客户之间的距离。我们可以通过一个小小的案例来了解：以会销主持人为例，如何快速地消除客户对你的陌生感。

很高兴能够成为今天的主讲人，与大家一同讨论如何成为一名销售高手。就我个人而言，我在营销方面属于战将型的销售员。在这次会议上，首先要感谢在座的各位，因为你们是全国最优秀的销售战将，正因为你们的到来，使我今天的演说变得更具挑战性。

在这里，我想请教大家一些问题：做营销工作最常遇到的问题是什么？贵公司业绩第一名的销售战将与业绩最后一名的销售人员，这两者之间最大的差别是什么？一个从最后一名到第一名的过程，就是我今天演说过程中要和大家探讨的问题。

我第一次从事销售工作是在1994年。那时候我们全家去看一套房子，房子很好，全家人都特别喜欢，尤其是我爷爷。可是那时候我们的经济能力还不够强大。我就在想，如果再过10年买这样的房子，可能我爷爷只能住10年；如果再过5年买房子，爷爷就能住15年；可是如果我现在就买下这套房子，爷爷就能住20年。我告诉自己，我一定要让我爷爷住20年好房子。

于是，第二天，我筹措了100万元，付了房屋首付，又从银行借了250万元，买下了那栋房子。虽然买下那栋房子后，我一下子就成了负债累累的人，但现在，我已经有了10栋房子。那么我想和大家分享的是，我如何通过做销售工作，还完了我买房子时的借贷，又后续买了那么多房子。

听众一听，便心想：哇！你通过做销售，还了那么多债务，还买了那么多房子！他们马上就会关注你下面的话题，因为他们也想拥有很多房子。

通过简短的小故事，吸引听众的兴趣，从而让听众对你建立起信任感，这在会议营销过程中尤为重要。

切勿教条式灌输

在会议营销期间，演说者切忌通过教条式的灌输，让客户购买产品。在会议营销过程中，这种情况微乎其微，每一个听众都会厌倦于这种教条式的诉说。如果对客户进行强行的思想灌输，那么只会造成客户更大的逆反心理。可能你刚刚建立起的信任感就会随这一次小事儿消失殆尽。

那么，销售人员该如何抓住客户的心呢？在会销过程中，对待客户要循序渐进。不断向客户提供价值，从而吸引客户持续不断地关注。如果销售人员一再地向客户强调类似话语："我们的产品是最好的，如果您不及时购买，一定会后悔的。"超级浓重的销售意味会让客户倍感压力，从而产生一定的心理落差。所以，成功的会议营销中，最重要的一步就是"以客户利益为中心，满足客户的需求，从而实现个人的目标"，在交流中抓住自己的核心客户。

提供优质服务

会议营销的每个环节都对销售的结果有着至关重要的作用。在会议营销过程中，主办方人员要及时做好服务工作，不偷懒。每一场杰出的会议营销都有强大的服务团队，这些服务团队可以有效地帮助销售人员了解客户的心理状况，同时还可以有效地实现企业产品营销。

在销售人员与客户进行交流时，要尽可能地保持自己的立场、观点，向客户展示出你对服务客户的热情，用服务来改变客户的思维。当客户正处于迷茫与混沌状态时，要及时地予以提醒，在客户处于选择之间时，要迅速地将他收服，因为在这个时间点下，客户对产品具有一定渴望度，销售人员可以通过产品的优势对客户进行短期刺激，从而实现成交。

服务环节是会议营销非常重要的环节，它的出现为销售人员增加了成功的砝码。随着企业不断的进步与发展，客户资源成为企业家非常重视的部分，而对客户进行前期维护便是为后来成交奠定的基础。

后期维护是关键

在每一次会议中，主办方都应该对不同的用户群体进行分类，进行后期的客户维护，提升整个活动的价值，从而提升整个会议在客户心目中的知名度。当客户对会议有一定信任感时，整个营销就成功了一半。在会议结束时，主办方可以为每一位客户提供一张调查表，这张调查表上可以涵盖客户关注的行业、方向、内容以及希望会议可呈现的环节。在会议结束时，主办方要进行一个综合总结，发现客户的需求点在哪里？客户普遍关注的问题都是什么？在前期通过这种方式迅速把握住客户的心理，从而针对痛点、实现成交。

一场好的会议营销会为企业实现巨大的利润增值，这不仅是一个客户维护的过程，也是一个企业壮大的过程。因此，准确把握好会议中核心客户的需求尤为重要。

会议营销的细节把握

会议营销最重要的两个字在于“营销”，那么如何通过简单的会议来使会议营销的效果达到最好呢？换句话说，在会议营销中，我们应该注意哪些细节，从而为成交打下基础。

现场氛围很重要

会销最怕的就是现场的气氛过于枯燥。会销的核心在于让客户在兴奋的精神状态下完成交易。这就为会议提出了几点要求：

首先，现场的气氛一定要够活跃。例如：有相应的音乐与灯光来配合，有主持人的演说。

其次，在整个会议进行中，要不断刺激客户的兴奋点。因为当一个人专注做一件事时，持续的时间不会超过 1 个小时。如果在演说过程中，演说者以一种极其枯燥的形式展开，那么整个现场就会陷入一种沉闷与尴尬的境地中。当所有听众都感到会议演说枯燥乏味时，他们自然就会对会议的价值产生怀疑，从而会降低自己的期望值，因此会议成交的概率也会明显降低。所以，整个会议营销，对主持人的能力要求非常高。

最后，销售人员、主持人要与听众不断互动。互动不仅可以增加双方之间的熟悉度、信任感，同时可以让主办方人员紧紧把握住客户的心理动向，从而对客户进行适时引导。在引导过程中，可以循序渐进地渗透出会议产品销售环节，让客户对此有一定了解，同时渗透出产品能为客户带来的价值。

调动听众的参与性

在会销过程中，要时刻让听众有一种参与感，让听众感觉到自己的重要性，即让听众觉得会议精神中的很多东西能够与自己发生关系。听众会凭借自身的判断来考虑，整个会议过程中哪个环节对自己更有利。如果一次会议的价值能够深深吸引听众，那么在会议后续推进的过程中，就避免了相应繁杂的环节。当客户主动参与进来时，销售人员才能在适当的时机推动客户主动成交。而类似于传统形式的被动消费，不仅会让客户产生反感，同时营销的整体效果也会大打折扣，这就是我们常说的参与感。

在客户参与过程中，可以采用提问式或思考式的方法。当主持人在进行提问式互动时，听众的精神会处于紧绷状态，会主动地思考主持人提出的问题，特别是当主持人提出的问题与自己企业息息相关时。例如：在企业经营管理过程中，你觉得如何才能用最少的人来实现企业效率最大化？在企业有融资需求时，应注意的融资风险有哪些？如何成功吸引投资人，实现企业融资？当主持人提出的所有问题都与企业发展息息相关时，客户才能真正地融入到这种思维模式中来，最终使销售人员在不断深入地介绍中，抓住客户痛点，成功实现营销。

会议营销重在成交

加速成交的三大法则

主动成交法。主动成交法指在销售过程中，由销售人员主动提出成交要求。主动成交法可以在短时间内迅速达成成交目的。主动成交法比较适合三类客户：

第一，企业本身的老客户。企业的老客户对企业的产品性能及服务都比较了解，在这种情况下，老客户不会反感销售人员的推销，而产品成交的概率也很大。

第二，对产品产生兴趣的客户。在这种情况下，销售人员可以乘胜追击，加深客户对品牌的好感，为客户举更多成功案例，坚定客户的决心，最终实现产品成交。

第三，在成交阶段犹犹豫豫的客户。这种客户已经属于准目标客户了，在犹豫的过程中，客户已经向销售人员发出了购买信号，这时销售人员便可运用主动成交法加速成交。

优惠成交法。在很多成交案例中，虽然客户处于犹犹豫豫阶段，但是一直不成交。这种情况下，销售人员便可以采纳优惠成交法。因为处于这一阶段的客户，普遍觉得你的产品还无法满足需求，所以，销售人员就要向客户提供其他的优惠条件。例如：本产品半个月的免费体验优惠，试后再卖。这样便可以让客户有足够的安全感，最终愿意选择你的产品。

选择成交法。在选择成交法中，最忌讳的就是销售人员询问客户：您要不要购买我们的产品。对于客户来说，这种问题属于二选一问题。最终的结果很可能是不购买。而销售人员完全可以转换下思路，为客户提供多种购买方案。例如：这一方案，我们免费送您一年的 ×× 服务；这一方案，附赠 ×× 高端产品等。让客户根据自己的需求进行选择。

在会议营销过程中，成交是会议营销中最重要的环节。一场完美的会议营销的成交，应该呈现出一种火爆的场面。会议营销重在销售，所以在会议初期，主办方应在会场的每一个区域安排一位销售服务人员。一方面可以及时地了解客户需求，对核心用户及时跟进。另一方面，可以为有问题的客户答疑解惑，在与客户交流过程中，将非意向客户吸引为核心客户。

在会议营销过程中，不仅需要销售人员对客户的动员，同时还需要其他相关人员进行支持。当销售人员对某一件事情解释不清或者解释得模棱两可时，应由项目经理进行援助疏导。因为当一个客户处于迷茫边缘时，他对整个产品的信任度就会降低，如果在迷茫阶段纠结过多或者困惑太多，客户会直接放弃消费机会。

所以，在销售成交过程中，要把握好客户的心理动向。在基础环节就要与每位客户进行沟通，当客户与销售人员熟悉时，他才更愿意将自己的想法表达出来，销售人员成功的概率才会更大。会议营销的成交体现在以下几个环节：首先，在于客户关系的维护上。其次，在于用销售语言对客户进行引导。当然你引导的方向一定要符合客户的需求，让客户感觉你真的在为他着想。最后，让客户深刻地感受到，通过购买产品他能收获到最大益处，这个益处是能落到实处的，并且能在客户的企业中迅速实施的，能够帮助客户迅速答疑解惑的。

以这种方式作为会议营销的突破口，将会促成企业家与销售人员迅速达成交易。一个完美的会议营销体现为价值需求的交换。它必须符合企业发展的基本方向，必须满足企业发展的基本要求。它的基础销售方向一定要与整个时代的趋势相符，以一种新的思路来思考企业的发展问题，而产品销售就是见证这种会议营销的最可靠武器。

呈现一场完美的项目路演

对于创业初期的企业来说，项目路演是一个重要环节。一名优秀的项目路演人员可以为企业吸引优秀的投资人，成功满足企业融资需求。在企业发展过程中，企业家该如何实现自己的融资需求，如何成功呈现一场完美的项目路演，如何做出优秀的项目路演 PPT 呢？

在企业家进行项目路演时，首先要具备清晰顺畅的语言表达能力。因为项目路演的时间相对较短，这就需要路演人员在短时间内清晰地讲述自己的融资项目。在讲述项目的同时，要让嘉宾与投资人清楚地了解：你在讲什么？你的项目价值在哪里？因此，在项目路演的过程中，项目路演者的演说水平与项目路演 PPT 的展示密切相关。

当企业家在进行项目路演时，最重要的是让投资人了解：你的产品到底是什么？所以，在设计项目路演 PPT 时，企业家一定要进行一个前期规划，要实事求是，不夸大其词。从企业的实际出发，展示企业的能力能达到哪个程度。

投资人最不喜欢好高骛远的企业家。因此，企业家在路演时，要为自己留有余地，不能一直为投资人画大饼，向投资人展示空洞的东西。在项目路演过程中应遵循以下流程：

首先，展示企业家自身的创业精神与想法。将自己的创业热情、融资需求、商业逻辑思考讲述出来，在演说过程中不可以只凭借激情来表述。

其次，突出企业的项目优势，讲述企业的赢利模式，向投资人展示出“你的企业是如何赚钱的”。最好将近期的财务报表进行整理，让投资人能够真切实在地看到企业近期的盈利状况。财务报表可以通过表格的形式来呈现，化繁为简，用通俗易懂的语言来进行表述。

最后，突出在路演过程中的专业度。

知识层面的专业度。企业家在路演过程中要做到以下几点：第一，对个人所在行业有明确的认知，了解产品在行业中是否具备足够的市场空间；第二，如果具备市场空间，就要在市场开发层面有所规划。向投资人展示出，自己在知识层面的专业度；第三，企业家要对企业发展有明确的认知与规划。向投资人展示企业是否具备足够的实力，产品是否具备市场影响力，最终吸引投资人为企业注资。

个人形象层面的专业度。企业家的着装及打扮要得体，不可过于随意，以正装为宜。让投资人从企业家的个人形象上感受到他的专业度。

融资方面的专业度。它包括两方面：第一，企业融资金额及分配途径；第二，投资人投资后的退出路径。为投资人提供他们最想了解的信息，是企业在项目路演过程中成功融资的必备要素。

路演 PPT 不是那么容易

有价值的信息

企业家在制作项目路演 PPT 时，必须要向投资人展示以下信息：

第一，将企业产品所解决的痛点讲出来。例如：你的产品可以解决客户存在的什么问题？产品的使用效果如何？对这两个问题的解答是企业产品存在的核心价值，也是吸引投资人注资的关键。如美团解决人们网上订餐难的问题，滴滴打车解决人们打车难的问题。当一个产品能够解决客户的痛点时，便说明这个产品有了赢利的机会。

第二，向投资人展示企业的项目利润，展示企业亟待解决的问题，展示企业的商业模式以及赢利空间。向投资人讲述你的企业与其他竞争对手的不同，向投资人证明你的团队多么优秀，你与客户有着多么紧密的联系，通过理性的行为来进行分析。

在项目路演中，投资人更倾向于分析企业数据。如果演说者想让自己的项目路演变得简短而有说服力，可以从讲产品角度着眼。在讲产品的部分企业需要讲出以下三个优势：

首先，讲市场。主要是向投资人展示企业在市场中的地位。在市场上找到三个数据，这三个数据可以证明你在同领域中是最厉害的。

其次，说模式。讲述企业通过何种方法来赢利，讲述企业团队，即你有几个核心团队可以与你并肩作战。

最后，讲结果。讲述创业项目可以为投资人带来的三大价值：利润、梦想与情怀。这里的梦想与情怀是指找到与自己有相同的梦想与情怀的投资人，共同为产品推广注入一份力量。

撰写技巧

通常的项目路演时长包括三种： 3 分钟、5 分钟、18 分钟。18 分钟是项目路演中时间较长的，又叫作“3-18 路演”，在“3-18 路演”中，路演者要用 18 分钟进行演说。前 3 分钟吸引投资人；中间 12 分钟阐明商业计划书；最后 3 分钟时间，打动并号召投资人。在项目路演 PPT 中最好使用 30 号左右的字体，不能太小，不能太大，多注重图形与表格的呈现，不能有太多的文字，这是我们设计 PPT 的原则。

第一部分，在项目路演 PPT 的封面上应附上企业

logo、企业名称及项目名称，如有必要可以加上主讲人的姓名。

第二部分，应用一句话描述整个幻灯片的内容，这一句话应直接概括企业的经营状况以及企业的商业模式。可以加上一句广告语，这句广告语应读起来朗朗上口，易于传播。例如：怕上火喝加多宝；农夫山泉有点儿甜。农夫山泉真的有点儿甜吗？其实，农夫山泉的营销方法采用的是“特殊卖点定位法”。在矿泉水市场中，不仅农夫山泉具有这样的特点，其他矿物质水也有。这就说明农夫山泉已经在短时间内成功地打造出了自己的品牌形象，实现了自己的品牌定位。

以我个人为例，当年我在卖饲料时，同公司的伙伴想到一个极好的广告语，上级领导直接为这个员工发放了10元钱的奖励。我所在的公司叫扬翔公司。因为公司老板的名字叫杨翔，所以公司就叫扬翔。公司伙伴突发奇想，将企业的广告语定义为：母猪发祥找扬翔。农村的大街小巷纷纷贴满了“母猪发祥找扬翔”的广告语。因为广告潜移默化的影响，所以在农村养殖户心目中就定义了：当他的母猪发祥的时候就去找扬翔。这也是我们所说的品牌定位的重要性，一个好的品牌定位可以让企业知名度在瞬间内提升，在消费者内心形成固化的心理模式，从而迅速占据消费者内心。

第三部分，要向投资人展示：企业的项目到底有没有市场？如何解决在市场中遇到的问题，诸如此类的问题目前有没有解决方案。

你的思路可以如下：市场上没有人可以解决这类问题，但是我的产品可以轻松有效地解决这一问题。就好像全亚洲找不到任何一个机器来生产这种产品，只有我能。通过企业的核心技术来打动投资人，这也是你整个幻灯片的亮点。

对于投资人来说，当他发现一个问题时，他最期待的是：你的解决方案是什么？如果在对待这一问题上，你的企业已经处理得很成熟了，那么你想吸引投资人最直观的做法，就是将企业近几年的营业状况展示出来。最好以时间的顺序来呈现：比如，第一年总盈利200万元；第二年总盈利500万元；第三年总盈利为1000万元。

如果再细致一些，可以将企业的毛利润与净利润纷纷展示出来。通过一幅直观的利润曲线图让投资人对企业的盈利状况更加清晰。在每年的盈利状况后，要加上未来三年的盈利预估，让投资人了解，你是一个真正值得他投资的人，企业进行项目路演时，要全面地将企业的重要信息展现出来。

第四部分，要制作一张团队幻灯片。企业团队包括：董事长、总经理、技术总监、营销总监。介绍一下核心团队的行业背景、领导经验。比如：小米公司有七位核心合伙人，但它为什么能够在短短三年时间内，便打造出了一个估值约2700亿人民币的公司呢？

小米的七个合伙人都是从百度与谷歌公司走出来的人，他们的实力非常强大，也正因为管理层拥有如此强大的实力，才让消费者对小米更加放心。所以，在企业家进行项目路演时，一定要展示出自己团队的专业性。

第五部分，企业家要向投资人展示，企业的市场适应性与市场竞争力是什么？企业展示自身的市场竞争力时，可通过图表进行呈现。可通过这种方式，投资人可以一目了然地看出企业的优势。在解释完自己的竞争优势后，企业家可以向投资人讲述企业是否已经申请专利，企业专利是否可被复制，有没有行业门槛等。

第六部分，在赢利模式部分，企业家要向投资人讲述企业是如何赚钱的。这一部分会涉及企业的商业模式。你可以将它细化为一个小例子，例如，企业的赢利模式可以有三种：入场费，即直接买产品，赚毛利；过路费，即做平台，让别人在你的平台上交易；中介费，通过做平台收取其他人员相应的中介费用。

第七部分，在支出模型与营销方面。企业家要清楚地计算出企业的运营成本，在此基础上，展示出企业未来的招聘计划。例如：企业想吸纳几位董事？想要分配多少股权？企业是否需要一名顾问？企业未来的赢利模式是什么？如果投资人投资了你，当他想要退出时，具体退出路径是什么？

第八部分，主要展示企业对外的融资资金分配比率。例如：融资 500 万元，投资人占股 10%。企业家要告诉投资人，这 500 万元的用途是什么，是进行人员招聘还是进行市场推广，亦或是做新产品研发。在企业家的路演幻灯片中，要将企业的融资额度与融资资金的分配比率完整地展示出来。企业项目路演 PPT 的内容只有容纳以上细节，才称之为“一个完整的 PPT”。

最后一部分为总结 PPT。对 PPT 进行总结，表示个人的感谢，结束路演。以这种类型展示的 PPT 可扩展为 15 张，企业家可根据企业信息多少自行调整。

秒杀投资人的诀窍

当路演者进行项目路演时，会遇到投资人犀利的点评，得体的回答可以迅速提升投资人对企业家的认可度。那么项目路演者该如何有效地应对这些问题呢?

路演者在回答投资人的相应问题时，一定要遵循以下几个原则：第一，不要将你的投资人当成傻瓜，切忌夸大其词。第二，要对关注你的投资人死缠烂打。第三，不要对你的投资人使用激将法。不可以说以下语句：你如果不给我投资你就会怎么样？千万不要将融资作为你创业的目的。不要轻易相信，自己在10分钟内就能完全搞定投资的事情。在融资过程中，要警惕那些让你先掏钱再提供服务的融资中介，融资成功并非意味着创业成功。

在项目路演过程中，投资人经常会问到以下几个问题。首先，你对公司所面临的竞争怎么看？即企业家商业计划书中包括的那些内容。你的公司是否已经发布了新产品？请你谈谈未来12个月中你对公司的发展规划？你的公司除了创始人之外还有其他员工吗？如果没有，你该如何解决这个问题？你的企业现在开始运行了吗？在运行过程中，它将为用户带来哪些好处？到目前为止，你的企业是如何吸纳用户的？你的企业未来会有怎样的发展？你的用户将通过哪些途径接触到你的产品？你在开发用户渠道时付出了多少成本？在销售与市场方面，你的企业有哪些发展规划？如果我投资你，你将如何分配这笔资金？

当你的投资人非常专业时，他的问题可能会非常犀利。投资人会直接问你：同样是做饮料的，你能否解释一下你的产品与汇源果汁之间的区别？你怎么才能够在市场中打败它？这种类型的投资人会立刻提到你在同行业中强大的竞争对手，如果你通过这个问题不能说服投资人，那么他对你的项目好感就会减少。

在项目路演过程中，路演者可能会遇到各种各样的情况，诸如紧张、忘词，甚至出现冷场等。但无论在路演过程中发生什么问题，路演者都应该沉着冷静地面对一切。不能过于慌张，一旦路演者情绪极度紧张时，他的整个思路就会极度混乱，语言表达上就会有相应地体现。所以，无论路演者在台上遇到什么状况，都应该谨记，始终保持一个沉着冷静的态度。

项目路演国际标准时长为 5 分钟，如何在短短 5 分钟内向投资商完整地展示完企业的 PPT，是一件非常了不起的事情。一个项目路演 PPT 可以涵盖一个企业的主要信息状况，通过文字与语言的生动结合，最终让整个路演精彩纷呈。

作为一位企业家，具备一种高效的路演能力尤为重要。因此，就需要企业家在演说过程中，能够准确把握投资人的心理，将最能打动与吸引投资人的相关数据展示出来。通过简短的提问与互动，形成双方交流的话题。当你能够在路演中成功地应对投资人时，你的企业在融资路上就已经成功一半了。

☆

头脑风暴

1. 在会议营销中如何找准自己的核心客户?
2. 如何能在最短的时间内找准客户的需求点?
3. 维系客户的几大核心法则是什么?
4. 在会议营销的过程中，应注意的关键因素有哪些?
5. 如何能加快会议营销的成交速度?
6. 怎样在演说过程中，呈现一场完美的项目路演?
7. 项目路演需要遵从的步骤?
8. 秒杀投资人提问的诀窍有哪些?

第五章

构建强势企业：用语言来打动人心

一个企业最大的资源是什么？有人说是利润，有人说是商业模式，有人说是企业客户资源等。其实作为企业内部最为庞大的群体，人才的力量在企业发展中占据着不可忽视的地位。一个优秀的人才可以为企业带来巨大的收益，他可以帮助领导者形成更好的思路，从而在更大程度上实现企业的腾飞。企业的人才管理是企业的核心，无论是在何种经济发展阶段，企业都要依靠人才来不断增加新鲜血液。

留住适合企业的最佳员工

互联网时代，当人们都在关注阿里、关注百度、关注腾讯、关注京东时，有很多企业家都心生疑惑。他们的困惑在于如何让自己的企业适应这个时代的发展，如何让自己的员工更加热爱自己的企业，如何在激烈的市场竞争中让自己的企业立于不败之地，如果你是一名企业家，你该如何做呢？

作为巨无霸型企业的华为与小米，一直是现代企业学习的标杆。在华为与小米工作的员工，都会积极主动地加班加点，完成公司交付的任务。媒体时代，小米缔造了一个从无到有的神话，小米创造了一个不做广告、零库存的企业，小米参与感让每一个小米员工主动扮演起了米粉的角色，正因为那份对企业文化的热爱，他们更加执着。那么，这些企业又是如何做到这一点的呢？

一个成功的企业背后，一定不乏优秀的人才进行支撑。然而，对于企业来说，最大的难题就是如何让员工爱上企业，成为企业的粉丝，成为企业文化的传递者。随着80、90后员工逐渐走入工作岗位，互联网时代的企业文化又一次被注入了新鲜血液。那么，在企业发展过程中，如何有效地进行人才管理呢？企业负责人如何才能找到令自己心满意足的员工呢？对于一个企业来讲，该如何选人，又该如何育人呢？

其实，选人最关键的一点就是，了解员工的痛点是什么，从而对症下药。

发现员工的痛点

很多员工在工作中常常抱怨：我的工资太低了；工作地点离家太远；我没有晋升空间；老板风格太强势；我在企业学不到东西，没有发展前景等等。在员工的抱怨过程中，我们可以明显发现，员工抱怨的正是长期根植于自己内心的痛点，也是存在于员工中的普遍现象。那么员工真正关心的到底是什么呢？

员工最关注的问题主要包含以下几个方面：

第一，工资问题。工资问题是每位职场人必须考虑的因素，我们在生存与生活、理想与现实、行业与背景之间都会面临很大的选择。虽然我们都曾是一个理想主义者，但我们更需要改善自己的生活，让自己的物质生活更加富裕，这是每个人工作中不可缺少的一个环节。它关系到员工的衣食住行，是员工的基本生存需求。然而，工资的高低一般与员工自身的能力密切相关。一个有能力的员工可以用自身的能力为企业赢得高额利润。

第二，企业的前景问题。员工考虑更多的是企业能否让自己的能力迅速地提升，能否给自己锻炼与成长的空间。如果一个公司具有广阔的发展前景，那么在工资与前景之间，员工可能更倾向于后者。

第三，人脉问题。工作不仅仅是员工生存的基本手段，在工作中，我们还可以不断学习，结识人脉。在工作中，员工可以通过与他人的交流结交到更多的人脉，不断丰富自己的人脉积累。

第四，尊严问题。员工会思考这个行业能否为自己带来尊严，在这里工作，员工不希望只是简单地赚钱，还希望自己获得社会的认同，能够承担相应的企业和社会责任，这对于每位员工来说都是一件非常有尊严的事儿。

第五，成长问题。员工会考虑自己在企业的成长速度如何，是否能够很快地实现自己的职业规划目标，是否能够很快地得到历练，这是员工选择企业的思路。

从求职阶段开始沟通

企业在寻找最佳员工时，最关键的环节在于人员面试，高效的面试技巧可以为企业迅速定位到合适的优秀员工。因此，在面试员工过程中，如何对求职者提问，如何迅速发现求职者内在的问题至关重要。

在与面试人员进行交流时，首先应该以一种轻松自在的方式开场，这样不仅可以有效地缓解面试时求职者的紧张感，还可以瞬间拉近面试双方之间的距离。你的问题要引起求职者的兴趣，牵引他们主动去思考问题。例如：询问求职者选择来到这里的目的是什么？希望得到哪些回报？个人预期的发展路径与空间是什么？具体的操作流程如下：第一，以一种提问加互动的方式引出话题；第二，应明确求职者选择企业的什么职位；第三，告知求职者同等类型的行业，你应该选择什么样的公司更加适合个人的发展；第四，让求职者了解你的公司符合以上第二、第三点；第五，举例证明第四条属实。最后告诉应聘者他在这里的职业规划与定位，未来该怎么发展，达成最后应聘面试的签约。

在面试过程中，要清晰地向求职者展示出：你的企业具备什么特点？企业所在行业具备什么优势？如果你的企业是一家大企业，应对求职者的话术可以为：你应该选择一个大公司，大公司的学习机会更多。如果你的企业是一家小型公司，你可以说："小公司特别锻炼人，在大公司晋升过慢。"如果想要更快地取得求职者的信任，可以通过自身的实际情况来进行举例。以我为例，进入公司 3 年，从电话销售员成为这家公司的股东，工资从每月 1400 块钱涨到每月 1 万多，工作岗位也从公司的小员工变成一位培训讲师。

向面试者讲述完基本信息后，面试人员可以将他在这个公司未来的发展规划展示出来。其中涵盖他可以选择哪几条路线，比如：求职者应聘的职位为讲师，他可选择两条线，可以走讲师路线，也可以走管理路线。在招聘过程中，要向应聘者展示出公司团队的文化氛围。在中国人的团队中，团队文化主要体现为创始人的文化，创始人的性格直接决定了整个公司的文化发展方向。因此，在组建团队过程中，团队中的每个人在性格上都应该是互补的，能力都比较强。一个企业的领头人，可以不是能力最强的人，但一定是最懂协调的人，并且将对的人放在对的位置上。如果你是负责营销策划的，那么你就一定要考虑，在你的团队中，一定要多注入一些具备营销能力的人。

企业管理中的演说能力

在一个企业发展过程中，企业负责人扮演着重要角色，他是整个企业发展的主心骨。作为一个企业的负责人，该如何让自身具备专业的管理能力呢？他又如何为员工做出表率呢？

企业家必备的五大口才

一个成功的企业背后，经常会有一个成功的企业精英在掌控大局。企业的发展方向在很大程度上来讲，体现出的是领导者的智慧，企业领导人是这个企业的代言人，代表一个企业向外界发声。因此，在成功学领域有一句老生常谈的话：成功的人一定懂得比较多，懂得多的前提是必定有口才，总结为一句话，“数风流人物必有口才”。在国内外有很多企业家甚至领导都具备好口才。例如：奥巴马、乔布斯、马云、俞敏洪等人。一个人有多大的话语权，他的影响力才会有多大。那么，作为一个领导人，应该具备什么样的商业口才呢？

领导口才。作为一个企业的领导者，必须具备高效的管理才能，用个人的魅力与能力去征服员工，在管理中找到自己的归属感与成就感。所以需要具备领导力口才与领袖口才。

营销口才。在企业发展过程中，只要有利润的地方都会与营销挂钩，营销是一个企业攫取利润的突破口。营销的过程是对一个企业推广的过程，只有具备专业的营销人和团队，企业才能把自己的核心实力推广出去，营销是世界上最伟大的力量。因此企业负责人和营销部门负责人应该具备营销口才。

商务口才。在商业社会中，企业家必须懂得如何应对各种商务场合，掌握各种社交礼仪，其中必不可少的就是要具备超群的商务口才。例如：如何进行项目路演？如何做招商会？商务场合中的路演决定了企业发展的规模与速度。作为最了解企业发展的人，企业家一定要亲自登上商务场合，这样才会更直观地将企业的信息展现在投资人面前。

职场口才。在每个人一生当中，最宝贵的时间都花在了职场。一周有 7 天，7 天中的 5 天都身在职场，这期间是每个人人生当中最宝贵的时间。所以，想要让自己的人生更加精彩，就必须掌握好职场口才。了解如何与上级沟通，如何与下级沟通，如何与不同的人沟通，让自己在职场中更加游刃有余，更加轻松快乐。

谈判口才。一个优秀的谈判专家可以在谈判过程中为企业赢得更多利益。而作为企业最核心的代表，如何在谈判中为企业争取更多的砝码，让企业获得更多的利益尤为重要。谈判口才考验的是企业家的智慧与技巧，具备高效的谈判口才是企业家在职场中必备的武器。

以上的口才，我们称之为“有声沟通”。在互联网时代，有一种不凭借语言来进行沟通的方式，我们称之为“无声沟通”。很多时候我们与人沟通的方式从原本的对话交流转变到了文字交流。随着人们沟通模式的转变，人与人之间更多的是通过虚拟世界的网络来进行交流。人们可以通过微信、邮件等方式来进行沟通，所以在不断沟通过程中，话术就显得尤为重要。因为文字与语言表达的方式不同，所以在对待文字方面，应该更加谨慎。

与下属沟通的技巧

在企业发展过程中，领导者是整个企业的核心，而作为下属的员工，也会在领导的指挥下不断推动企业的发展。那么，在职场中，领导人应该如何与员工进行沟通呢？

学会鼓励

从人的天性角度讲，任何人都不希望从外界接收到过多批评，员工也如此。对于很多员工来讲，可能在某个工作岗位上付出了很多的精力，但却并没有得到令人满意的结果。这时领导要适度地引导员工，让员工发现自身存在的问题。切忌不可对员工劈头盖脸地痛骂，这样不仅会打消员工在日后工作中的信心，也会让员工对自己的领导失去信心。

在工作中，领导要适度地鼓舞、激励员工，让员工感觉到自己在工作中的价值。因为一旦领导的沟通方式倾向于正能量，那么，员工也将在工作中获得相应的能量，员工会觉得和这样的领导在一起干劲儿十足。

从下属的角度考虑问题

作为领导，在处理很多事情的时候，都要学会换位思考，不可以凭借领导的权威就随意造成下属难堪的后果。要做到将心比心，设身处地地替员工想一想。让员工觉得你是一个值得信赖的好领导。

营造轻松幽默的氛围

性格开朗的人更能赢得别人的喜爱，也会给人一种轻松之感。当领导具备这种性格时，员工便不会感觉过于拘谨，有压力。这种情况下，员工更愿意和领导打成一片。

公开激励

当企业面临转型时，员工会对企业发展一片迷茫，此时企业领导人要适当地鼓舞员工。这种鼓励一定是公开的鼓励，将员工聚集在一起开会，从而向员工表明企业未来的发展规划，让员工放心。

同时，在号召员工时，领导一定要做到激情饱满，有良好的口才，从而达到最好的鼓舞效果。

分工明确

在企业管理过程中，最怕的就是出现推卸责任、分工不明确等问题，在沟通不畅与协调不畅中影响团队整体的工作效率。

作为领导，应该理清企业每个员工的职能，按照每个员工的优势分配工作。人们常说“众人拾柴火焰高”，一个人的力量也许很微小，但是聚沙成塔，整个企业向外传递的力量就会非常大。在企业发展过程中，领导者要充当团队与部门之间的润滑剂，在部门之间互相协调，共同发挥整个团队的重要作用。

凝聚团队力量

一个企业、一个团队最重要的就是凝聚人心，共同的力量可以让企业的发展达到新的高度。在企业发展过程中，企业家如何才能凝聚人心，实现激励团队的目标呢？

统一核心价值观

企业最怕发生的事情就是团队精神涣散，军心不稳。从领导者的角度来讲，即如何统一团队成员的价值观，让团队成员对某件事情达成共识，统一团队成员的意识、目标与价值观，共同实现企业的梦想。

在团队中，领导者要不断地重复自己的梦想，只有在不断的重复中，团队成员才会和你拥有相同的梦想，否则上下出现思路不统一现象，会对企业发展极为不利。所以，企业领导者要做到深思熟虑，要仔细思考自己表达的意思团队成员是否理解。如果领导者无法将团队中的负面信息在萌芽阶段彻底清除掉，那么整个团队就会陷入麻烦中。

面对企业如何经营成功，日本著名企业家稻盛和夫先生说："成功等于思想方法乘以热情，再乘以能力，将热情放在中间。"他说成功最大的方法是热情，当你具备热情时，你就会发现很多事情会变得很顺。

这种热情，在企业管理过程中体现为动力与激情。在企业发展过程中，企业负责人在团队中应表现出自己的领导风范，要能够振奋人心。无论在企业遇到什么障碍、挫折、失败时，企业家要给团队最大的信心，例如：当陈胜、吴广为了鼓舞大家士气、号召大家造反时，说："且壮士不死即已，死即举大名耳，王侯将相宁有种乎！"虽然陈胜在位并没有几天，但是他说的话却千古流芳。所以，领导应该把自己在商战中的那种劲头与血性展示出来，真正达到鼓舞士气的作用。

学会说服

企业家如果能够凭借语言来说服自己的团队，从而达到团队内部观念的统一，这是非常重要的。企业家说服团队的过程，也可视为激励团队的终极目的，通过这种方式实现员工与企业领导人共同的梦想。

而在古代也有很多关于说服的案例，多体现为谋士劝谏君王。《战国策·楚策》中的《苏秦之楚》就是很好的说服案例：

苏秦到楚国，三天后才见到楚王。他们交谈结束后，苏秦向楚王辞别，准备离开。楚王说：“我听人说，能听到先生的指教就像听到古代贤人的教诲一样。现在先生不远千里来见我，为什么不肯留下来呢？我想听听您的意见。”苏秦回答说：“楚国的粮食比珠玉还贵，柴草比桂木还贵，掌管进谏的人像鬼一样难见，见大王一面就如见天帝一般。现在您却要我吃珠玉，烧桂木，依靠小鬼见天帝。”楚王说：“请先生在客馆住下，我接受教导了。”

苏秦的话，让楚王意识到自身存在的问题，最终决定改正。而《战国策·齐策一》中《邹忌讽齐王纳谏》也是古人说服案例的又一典型：

邹忌身高八尺多（现一米八四以上），身材容貌光艳美丽。一天早晨，他穿戴好衣帽，照着镜子，对妻子说：“我和城北的徐公相比，谁更美丽呢？”妻子说：“你更美，徐公怎么能比得上你呢！”城北的徐公，是齐国的美男子。邹忌不相信自己会比徐公美丽，于是又问他的妾，说：“我和徐公相比，谁更美丽？”妾说：“徐公怎么能比得上您呢？”第二天，有客人从外面来拜访，邹忌和客人坐着谈话，并问客人：“我和徐公相比，谁更美丽？”客人说：“徐公不如您美丽。”第三天，徐公前来拜访，邹忌仔细地端详他，觉得自己不如徐公美；再照镜子看自己，更觉得远远比不上人家。晚上，他躺在床上想这件事，说：“我的妻子认为我美，是偏爱我；我的小妾认为我美，是惧怕我；我的客人认为我美，是有求于我。”

于是，邹忌入朝拜见齐威王。说：“我确实知道自己不如徐公美丽。我的妻子偏爱我，我的妾惧怕我，我的客人对我有所求，他们都认为我比徐公美丽。如今的齐国，土地方圆千里，城池一百二十座，宫中的姬妾和臣子，没有不偏爱大王的；朝廷中的大臣，没有不惧怕大王的；国内的百姓，没有不对大王有所求的：由此看来，大王受蒙蔽的程度一定很严重。”

齐威王说：“说得好。”于是下了一道命令，说：“所有的大臣、官吏、百姓，能够当面批评我的过错的，可得上等奖；能够上书劝谏我的，得中等奖；能够在公共场所指责、议论我的过失，并能传到我耳朵里的，得下等奖。”政令刚一下达，所有大臣都来进言规劝，宫门庭院就像集市一样喧闹。几个月以后，有时偶尔还有人进谏。一年以后，即使想进言，也没有什么可说的了。

燕、赵、韩、魏等国听说了这件事，都到齐国来朝见（齐王）。这就是人们所说的在朝廷上战胜了敌国。

古人说服君王的案例可以为企业家进行说服提供借鉴。在企业管理过程中，企业家主要的说服对象为员工。而沿用古人的方法，企业家首先要发现团队中存在的问题。其次，是说服员工，改正问题。最后，让员工心甘情愿地为企业贡献自己的一份力量。而说服的内容主要包括：指出问题，给员工解决方案，让员工对新方案充满信心，并愿意为之努力，这便是一个成功的说服过程。

而这种方法在企业管理中也相当适用。在企业发展过程中，领导者只有迅速抓住团队的心，及时地统一团队的价值观，企业才能不断走向腾飞，不断突破。

信任与赞美员工

刘邦曾说："夫运筹帷幄之中，决胜于千里之外，吾不如子房；镇国家，抚百姓，给饷馈，不绝粮道，吾不如萧何；连百万之众，战必胜，攻必取，吾不如韩信。此三者，皆人杰也，吾能用之，此吾所以取天下也。项羽有一范增而不能用，此其所以为我擒也。"

刘邦所说的话向我们展示出，作为一个领导者，他自身应该具备怎样与下属沟通的能力，在这段话中，刘邦并没有一味地采用强势的风格，而是非常巧妙地将所有功劳都归功于他的下属。刘邦与项羽的最大区别就是更看重人才，非常倚重自己的三大臣子：一个叫张良，字子房，是刘邦的军师；一个叫萧何，帮助刘邦打理内务；最后一个是韩信，帮助刘邦带兵打仗。而项羽拥有范增却并不采纳他的意见，甚至怀疑范增，直至最后将范增气死。因此，项羽最终失败了。

有这样一个小故事，向我们讲述了如何尊重他人，如何赞美他人：

从前有一座山，在山底下有一个村落，村中住着一群人。山上有位老魔王声称要将整个村子全部毁掉。村里面的人十分担心，一位年轻人自告奋勇决定去找老魔王解决这个问题。老魔王提出了一个问题，对年轻人说："如果你可以回答这个问题我就放过全村人的性命。"这个问题就是：作为人最需要的是什么？年轻人回去咨询了各种各样的人，甚至询问了智者。有人说是财富，有人说是健康，有人说是幸福，有人说是家庭，然而答案都不对。直到有一天，魔王为年轻人指出了一条路并对年轻人说："有一个人知道答案，你可以去问她。在村子东头有一片树林，树林中有一口枯井，枯井旁边坐着一个女人，她知道答案。"

于是，年轻人走到女人身边问她，请问："人最需要的是什么？"女人没有回答他，却背对着年轻人说了一句话：如果你答应我一个条件我就告诉你答案。这个条件就是"娶我"。为了全村人的性命，年轻人答应了。女人转过身，对年轻人说："我是这世上最丑的女人，你当真愿意娶我。"年轻人说："外表并不能代表一个人的全部，内在美才是真的美，我相信你是个善良的女人。"

后来，女人告诉他，是尊重和赞美。于是年轻人将答案告诉给魔王，魔王说："恭喜你答对了，但你们必须结婚。"年轻人说："我一定会娶她的。"

那一天婚礼结束，年轻人喝完酒后，回到房间。

当他走到床边掀开盖头的那一刻，他发现在他面前的女人变成了全世界最美的女人。女人说："其实我身上有一个魔咒，这个魔咒在你决定娶我的时候已经解了一半，谢谢你的尊重和赞美。我本来是一个国家的公主，是世界上最美丽的人，但是这个魔鬼把我变成了最丑陋的人。现在魔咒已经解了一半。你可以选择，让我在白天丑还是晚上丑。"此时，年轻人说了一句话："我觉得美与丑在于你的选择，你喜欢什么时候变得美都可以。"于是女人做了一个决定，她说："我选择全天都美。"因为在与年轻人的对话中，女人感受到了尊重与赞美，于是她的另一半魔咒也被解开了。

通过这个小故事，我们知道，每个人都希望得到他人的认可。在企业中，即使员工月薪过万，如果干得不舒服，也会选择离开。但如果一个员工，在团队中能感觉到自己是一个不可或缺的人，领导非常看重他，他就会在准备离开时有所顾忌。

企业领导者如果想让员工对自己忠诚，就一定要告诉员工，企业该往哪里走。领导者要让员工知道，他在团队中的职责分工是什么？他被认可的地方在哪里？以刘邦为例，刘邦提到张良、萧何、韩信，在团队中，大家都感觉到了自己的重要性，并且明确了自己的定位。在领导表达赞美的瞬间，刘邦的臣子感受到了很多东西都是自己完成的，心中充满了极大的自豪感。在群雄争霸的时代，刘邦不一定是最厉害的那个人，但是在对待下属方面，刘邦有自己独到的技巧。因此，转换到现在企业家的身上，在对待员工时，要学会尊敬员工、认可员工、赞美员工，不要每天指责员工，谩骂员工。当员工在内心建立起成就感时，他才会对工作更有热情。

而在《三国演义》中，刘备一直在扮演一个比较笨的角色。刘备是草芥出身，天时他不及曹操，曹操当时挟天子以令诸侯；地利他不如孙权。所以，刘备只占一件，即人和。因此，刘备非常注重团队中人才的重要性。刘备讲话特别有技巧，他一开口会让下属感觉他是一个值得托付终生的人。一次张飞因大意失了一座城池，将刘备的家眷丢了。张飞心情极度郁闷，关羽对张飞说：“你连主公的家小都保护不了，你还有何颜面生存在这个世上。”张飞一气之下，拿着斧头要将自己的头颅砍下来。此时，刘备走过来，直接将张飞的斧头夺了过来，紧接着说了一句话：“兄弟如手足，妻子如衣服，衣服破了尚可缝，手足断安可续。想吾三人桃园结义，不求同生但求同死，安忍叫兄弟中道而亡。今虽失了城池，家眷虽被陷，但城池并非吾所有，吕布并不坏，尚可设计救之。可是兄弟安可弃我而去矣。”刘备用自己的真情实感打动了张飞，也让张飞更加感激他。

所以，企业领导者在激励员工时，要按照每个员工的不同性格进行激励。优秀的领导者身上必须具备两个字：一个叫“威”，一个叫“信”。“信”指领导者应与团队保持关系融洽，要认可员工、尊敬员工。“威”指保证团队方向一致，制定统一的规则制度，让大家共同遵守，在约束中共同实现企业目标。马云曾说：“一流的主意与三流的执行要比一流的执行与三流的主意差很多。”意思即：你可以暂时没有出色的主意，但是如果你的企业具备一流的执行力，依然可以快速地实现企业的梦想。

所以在一个团队里面统一规则与目标尤为重要。其中统一目标更加重要，作为管理者，要经常对自己的员工进行一个“洗脑式”的演说，要告诉员工企业正处于什么阶段？未来的发展前景是什么？未来期望达成的目标是什么？阿里巴巴从1999年开始一直将企业的故事讲到现在，它的目标就是让世界没有难做的生意。而百度的目标就是让所有人可以公平地获得信息。因此，当它们发展起来时，它们的故事已经深入人心。

在鼓舞员工时，马云常说：“阿里巴巴未来会成为最大的电子商务平台，我们要定位好。”领导者要经常为员工重复目标，让员工在工作过程中目标更加明确。比如：《西游记》中的唐僧，唐僧是经常重复目标的一个人。唐僧经常说的一句话是：贫僧自东土大唐而来，前往西天拜佛求经。这句话时常挂在唐僧的嘴边，他永远对自己的目标很明确。所以，当你的员工正处于迷茫阶段时，企业领导者要告诉员工，企业的发展目标是怎样的，并且企业会坚定不移地将这件事做下去。就好像实践家集团的员工都会记住一句话：我们的梦想就是把世界带进中国，让中国领航世界。在实践家，每个人都可以脱口而出，这就是企业的文化，企业的目标。

善于鼓舞团队士气

一个团队的战斗士气可以直接影响到一个项目与一个企业的成败。士气高涨的团队可以凭借自身的斗志为企业带来超乎想象的惊喜，而一个精神涣散的团队只会在一次次的战斗中而逐渐土崩瓦解。作为一个企业的核心，领导者必须在下达任务时给予员工信心，让员工能投入最大的精力去完成这件事情。那么领导者该如何鼓舞士气呢？

在《西游记》中D型代表人物是孙悟空，孙悟空极具支配能力；S型代表人物是沙僧，他在团队中突出的特性是稳定性；I型代表人物是猪八戒，I代表影响力，猪八戒是个非常活泼的人，

“好色会说”是猪八戒最突出的特点。猪八戒痛得快，笑得也快，在整个团队中猪八戒充当着一种润滑剂的角色。最后一个是唐僧，唐僧属于C型性格的人，唐僧具有严格的服从性，在前往西天的路上，始终秉持着佛祖的信条，不达西天不罢休，无论遇到多少劫难，都从未说过放弃团队。正是因为他们每个人的性格不同，而且在团队中能够充分发挥自己的性格优势，共同进行团队建设，所以，在西天取经中遇到的每一次劫难，他们都能够通过团队协作实现。在唐僧与猪八戒被妖怪抓走后，因为孙悟空不谙水性，所以他鼓励沙僧潜水去引妖怪出来。在应对每一个困难时，他们的团队之间既有相互鼓舞，又有共同协作，最后他们终于成功地打退了妖怪。

反观《三国演义》中，有一个人是最会鼓舞士气的，他不是刘备而是曹操。曹操是一代枭雄，他属于D型性格的人，支配力极强。那么，作为团队中最具有支配能力的人，曹操是如何鼓舞士气的呢？在赤壁之战结束后，曹操带着一万残兵落荒而逃，但曹操并没有自暴自弃，而是在第一时间为士兵们分析了利弊关系，开始鼓舞士气，笼络军心。第一，他告诉士兵：大家有没有发现这样一个事实，虽然我们失败了，但是什么造成了我们今天的失败呢？是因为我们打得胜仗太多了。第二，曹操开始否定失败这一事实。他向团队传达：失败是一件好事，它能够激发我们卷土重来的信心。第三，他开始为士兵们分析战局，思考有什么可以改变战况的方法。首先，分析孙权与刘备的弱点，准确把握住敌方的弱点，让军心大镇。其次，曹操对士兵说：未来诸葛亮与周瑜之间的矛盾会越来越大，我们的军队可以有效把握时机，坐收渔翁之利。

在鼓舞军心的过程中，曹操先是通过一件小事，让士兵放下负面情绪，不要有自责或者丧失信心的感觉。随后，曹操开始分析各个竞争对手的优势，自身具备的优势，让士兵看到希望，并相信这是一件可以实现的事。当士兵已信心满满的时候，他开始向士兵说出自己的真实计划，如何在今后的战争中克敌制胜。曹操的行为完美地演绎了一场鼓舞军心的大戏，顿时让曹军的士气大振。

古人就已经开始思考如何来凝聚团队人心的问题，宗教领域的演说与凝聚人心更值得学习。那么作为世界范围内众多人信仰的宗教又是如何来凝聚人心、鼓舞士气的呢？

宗教作为一种信仰，被世界许多地区的人争相青睐。那么对于宗教来说，它是如何鼓舞人心，并且吸引陌生人成为它忠实的信徒呢？对于基督教来说，在传教过程中，传教士一般会对那些未受洗礼的人说："我们每个人都是有罪的，你知道为什么你有身体上的痛苦和心灵上的痛苦吗？因为在你的身上本来就有一种原罪，它致使你痛苦。每个人都有罪，那么我们该如何让自己赎罪呢？我们要找耶稣，找上帝，通过他们的指引，通过我们自身的不断忏悔，我们才能解脱。”这是基督教吸引教徒的方式。而对于佛教来说，它是这样讲的：“佛教说世人皆苦，如何才能摆脱苦难，那么我们就要找佛祖来普度众生。在这个过程中，你能够‘离苦得乐，看破红尘’，摆脱世俗的困苦与折磨，进入没有痛苦的世界。而我们摆脱痛苦最直接的捷径就是虔诚地皈依佛门。”

领导者做的第一件事即具体地描述事实；其次才是给出解决方案，最后阐述方案好处，例如：接下来会有一个什么样的活动，你希望达到的预期目标是什么？第二件事即你希望别人做成什么样？在具体描述事实时，首先要先放大梦想，其次再进行深入挖痛，通过语言的描述表述出整个事件可以为员工带来的幸福感，让员工有动力去做这样的事情。有了清晰的目标，员工在工作中才会更有斗志。

当领导者想要用自己的演说来说服自己的团队时，首先要发现整个团队存在的痛点。这个痛点不光是某一个员工的，而是整个团队的。当你提出痛点后，要向团队人员提出一个解决方案，让大家知道，只要按照这种方法就可以有效解决每个人的痛点。当员工觉得你说得很有道理时，你鼓舞士气的目的就会达到了。

以公司每天的早会为例：在每天早会时，领导者要适当地给员工激励。内容就讲述你对员工的目标要求，通过鼓舞人心法激励员工一直跟随你。你设定的所有工作目标都要不断地讲，重复地讲。时间只要占据每天早会的 5 分钟既可。同时，确定每天早会的口号，通过喊口号释放出每个人的自信心。

最后一个环节：在回忆中为员工讲故事，这个故事类似于会议营销，我们称之为“感动营销”，即打造自己核心的神奇故事。这个神奇的故事不仅仅可以激励你的团队，还可以在任何场合，包括招商会、展销、酒会中运用，在会销里面称之为“感动营销”。通过过去的痛苦经历进行铺垫，这种经历可以是生活上奋斗的苦，也可以是尊严上受到的侮辱。通过这样的经历进行前期的预告，为后期改变现状进行铺垫。你可以总结过去失败的经验，因为自己已经成功了，所以成功来之不易，在经过无数次痛苦才换来了梦想的实现。让员工产生共鸣感：领导经历过的事情我也经历过，因此在后半段，员工在内心就会有一种心理暗示，领导能够做成的事情我也可以。会议的最后，领导者可以去阐述自己生命的历程，讲讲让自己感动的事情，通过自己的经历给员工鼓励，让他们可以从此获得启发，并不断进步。

当一个企业搭建出自己的核心框架后，最重要的就是收人心，如何让每个员工都能心甘情愿地为企业奉献自己的一份力量。纵观大企业，百度、阿里巴巴、小米，他们企业的员工都对公司具有极大的信任感，这一切在于领导者能够很好地把握员工的心理状况，让员工时刻感觉到自己的存在感。领导者将希望展现在员工眼前，在奋斗过程中，员工会信心百倍，因为他们并没有迷茫的感觉，而是在前进过程中有一个清晰的目标，有一个可实现的蓝图，这才是领导者给员工带来的最大的鼓舞。一个企业员工的进步会带动一个企业整体的进步。

☆

头脑风暴

1. 员工的痛点体现在哪几个方面?
2. 企业核心价值包含哪几大维度?
3. 领导人必备的几大口才有哪些?
4. 企业家该如何凝聚团队核心价值?
5. 鼓舞团队士气需要具备的几大步骤?

第六章

好口才带来好生意

在时代巨变下，资源成为人们越来越热议的话题。资源可分为企业客户资源、内部人才资源、外部招商与融资资源、企业合伙人资源等。在“大众创业、万众创新”的时代，企业家对于资源的关注点越来越多，这是一个拼资源、拼人脉、拼智慧的时代。然而，企业家该如何发挥个人作用，成功为企业积累下高端资源呢？这是每一个企业家必须绞尽脑汁思考的问题。

企业资源杠杆：招商演说

“招商”一词是每个企业重点关注的话题之一，吸引商家青睐自己的企业，找到企业的利润突破口，迅速扩展企业的知名度，招商会就是一个重要渠道。对于企业来讲，一场招商会，不仅可以迅速地完成企业的利润目标，还可以迅速壮大企业的规模，挖掘企业潜在客户，最终塑造企业形象。那么，企业该如何在一场招商会上进行完美呈现呢？

“说”出你的优势

企业在进行招商之前，最重要的两点就是分析自身与了解他人。而这两点也是企业在招商路演中首先要展示出的信息。那么，企业该如何准确地分析自身呢？又该如何了解他人呢？

企业进行招商引资，首先要说出自己的优势在哪里，从而向客户展示出来，即企业的价值在哪里。每一个成熟的企业都会有自己独特的发展模式，这种发展模式或者专项技术是企业在激烈的市场竞争中立足的本源。当企业打算进行招商的那一刻就必须要仔细思考这一问题。介绍产品优势可从以下两点着眼：

第一，产品最核心的技术在哪里。如何凭借自身的技术来吸引消费者。将企业的核心技术展示出来，打动客户。例如：滴滴打车的优势在于，利用出租车司机的加入，实现了资金在第三方支付平台的存储；阿里巴巴的优势在于，它打造了中国最大的电子商务平台；腾讯的优势在于，它构建了国内用户基数最大的通讯工具，如：微信、QQ。

第二，对于客户来讲，你的企业赢利点在哪里。作为一名客户，需要考虑的是，选择了你的企业，怎样才能实现自己利益的最大化。因此，当企业在准备招商会时，一定不是草率地准备一张发言稿，而是要在整个团队中进行讨论。

讨论的问题需要容纳以下几点：你的产品特性是什么？产品最大的竞争优势是什么？产品的市场空间如何？需求

量如何？产品的销量以及利润率为多少？企业对于产品未来的规划有哪些？当你将这些问题分析清楚后，你不但可以清晰地了解企业的优势，同时，还可以找到企业的痛点，并能够及时地找到方法对它加以完善。

招商会是企业外在的一次完美展示，在招商会前，企业要拟定一份详细的招商计划书，这份计划书可以涵盖你想表达的所有内容，切忌烦琐、啰嗦。在招商会上，企业家要考虑如何在最大层面展示出企业的核心价值，让产品主动说话。一个优秀的招商会将是一场疯狂的利润争夺战，正因为好，它的价值才更吸引人。

挖掘客户的痛点

对于参与企业招商会的人来说，他们最关注的核心在于：投资该企业是否能够为自己带来收益。招商会就像一场项目路演，在招商会上，主讲人要准确把握住演说的基本方向，将自己要表达的内容展现出来，要简洁干练。要挖掘客户的关注点，即好资源、好项目、好产品。这就需要主讲人在演说过程中时刻刺激客户的敏感神经。例如：企业的产品和同行业产品相比最大的优势是什么？企业的市场调查报告要向客户展示出来，最好以数据的形式加以呈现，这样效果会更加直观。

对于客户来讲，如果在演说开头，他获取不到自己需要的价值点，那么在后期就很难建立起信任，因此一个好的招商会开场白尤为重要。在挖掘客户关注点的过程中，主讲人可通过引导或提问的方式让客户对此产生兴趣，让客户心中有疑问并主动地来问你，主讲人只需在回答问题中，尽可能完美地展示出企业的优势，并能准确直观地解答出客户的疑虑就好。因为当客户开始询问你时，就说明他已经对你的产品产生了兴趣，在问答过程中是你征服客户最好的机会。

呈现完美的演说

举办招商会，主讲人是招商会中极为重要的环节，主讲人一般都是企业的老板或高管。因为作为企业的领导者，他们是最了解产品的，并且最清楚企业的发展战略，所以，他们更知道什么样的客户是他们所需要的，什么样的资源是他们想要获得的。在整个招商会过程中，作为主讲人，所讲的话更具权威性。那么，主讲人该如何完成招商演说呢？

以互动形式开场破冰

主讲人在招商路演时，面对的大多是陌生人。而对于主讲人而言，如果能够迅速完成开场破冰环节，便可打破会场的尴尬场面，为成交做铺垫。

第一，你的破冰方式可以是一个与主题相关的小故事。假设你的企业属于电器行业的，你可以举同行业中的优秀企业作为引入噱头，例如：海尔张瑞敏砸冰箱的例子。举完这个例子之后，你可以转变自己的话锋，说“可是我们企业与海尔不一样”，以此引起客户的兴趣。随后讲述你的企业与海尔有何不同？是技术、服务还是产品质量？用大企业作为引子，来强化人们对于你的企业的印象。

第二，你也可以采用提问的方式来进行现场破冰。以 55 度杯为例。你的问题可以是：你是否见过一个可以自动调温的杯子，即使是100摄氏度的水，放进杯中瞬间就会变为55度。你相信有这种东西的存在吗？你愿意与我一同见证这个神奇的时刻吗？通过让客户对产品产生兴趣，不断吸引客户进入你的招商环节。破冰方式可以让客户在短期内消除对招商者的陌生感，从而认真地投入到招商会的演说氛围中。

招商演说的核心点

企业招商演说必须要容纳几个要点，如产品是否符合市场趋势，是否能够占据市场先机，市场空间有多大等。例如：在互联网时代，手机、电脑这些电子产品不但紧紧把握住了时代方向，还融入了独特的元素，瞬间吸引了客户的目光。所以，任何进行招商的企业都必须找准自己的核心卖点，以此来吸引客户。

把握产品市场前景

对于客户而言，最关注的就是这个产品在市场中的前景如何？在行业趋势下扮演着什么角色？是否能够占据一定的市场空间？用简短的几句话对产品在行业中扮演的角色稍加概括，让客户在宏观上对产品有一个清晰的定位，这对客户后期了解产品具体信息大有裨益。

无论你的企业经营什么产品，都要向客户展示 “你的产品有没有爆点，是否在未来有广阔的发展空间”。我们熟知很多品牌：可口可乐、加多宝、营养快线。每个品牌背后都产生了自己的品牌效应，而且能够迅速占据同行业的细分市场。

例如：当消费者想要喝可乐时，他会直接想到可口可乐；如果某消费者正出现口腔溃疡或上火症状，可能他会选择加多宝，因为加多宝的宣传语就是“怕上火喝加多宝”；而谈到营养快线，消费者可能会说这是最有营养的饮料。这些品牌最大的特色就在于，他们在把握住消费者心理动向时，用品牌特色来为企业拓展市场。

考察产品市场需求量

在介绍完产品的市场前景后，另一个关键因素就是展示出产品在市场中的需求量。让客户清楚地了解到，你的产品是否真正地受消费者的喜爱，同时让客户了解到你的产品是否有足够的需求空间，是否可以进行区域性的开拓，从而进一步扩大消费市场。

企业在进行产品设计时，一定要考虑消费群体是哪些人，切忌设定人群，设定区域。因为当你的消费群体越局限，你的产品需求就会相应地受到影响。

展示产品核心竞争力

产品核心竞争力是一个企业生存与发展的关键，是招商路演中必须要展示的环节。它需要主讲人详尽地将产品特性、功能、价值描述出来，供客户参考。

产品核心竞争力是每一个客户与投资人都普遍关注的关键点，这是客户衡量企业综合实力与发展方向的直接方式。产品只有具备核心竞争力，才会占据一定的市场空间，才会在市场上经久不衰。一个人人都可以复制的产品，会迅速被市场上其他的复制品所代替，这样的产品也是任何客户所不喜欢的。

拥有成熟的运作模式

拥有成熟的运作模式是客户敢于投资企业的基础。企业成熟的运作模式可以包括：团队管理、产品研发、市场营销、产品运营、后期推广、赢利空间。主讲人在招商过程中，一定要将企业的运作模式展示出来。让客户对企业的经营管理有一个明确的定位。任何一个尚未成熟的企业都是客户不敢投资的，因为其存在的风险性过高。所以，主讲人在介绍成熟企业的运作模式的时候可围绕以下几点。

首先，企业有稳定的发展模式。这个模式可以帮助企业有效地进行内部管理与外部开拓。包括你对员工的管理，与客户的合作，对外客户资源的积累等。这一点是客户信任你的基础。一个凌乱的企业就像个烂摊子一样，是没有客户愿意接近的。

其次，有稳定的利润空间。产品的利润空间是吸引客户的最佳武器，假设你的企业产品是一款手机，你可以将产品的利润空间以图表的形式展现给客户，让客户直观地去感受产品的高利润。

再次，客户管理工作少。这一点是企业给客户的益处，你可以向客户讲述：我们的产品经营已经相对成熟，当你加盟我们的企业时，你的管理工作只有生产工厂的工作，其他的销售环节为纯赢利环节。因为很多客户在一定程度上都缺乏管理经验，所以这就在很大程度上解决了加盟商的问题。

换句话说，即使客户有管理经验，这样也会为他减轻极大的负担。

设定合理的投资金额

这一环节主要针对招商路演环节的一些目标客户群体，它和项目路演中的融资金额设定类似，都是涉及客户利益的部分。当客户对企业的产品产生浓厚的兴趣时，他可能会主动提出要求，了解企业的投资金额设定比例。对于企业来说，合理的投资金额不仅有利于企业当前的发展，还可以顺利地实现企业的招商引资，从而可以将企业的规划落到实处。

销售环节要跟上

招商最核心的环节就是销售环节，这一环节可以直接吸引众多的客户加盟企业。在这一环节，主讲人要设定销售话术，层层递进，成功吸引客户。主讲人的话术可以是这样的：

如果有一个产品，既能够满足你在利润上的需求，同时在市场上供不应求，这样的产品你有兴趣吗？如果这个产品在同行业中具有超强的竞争力，有产品发明专利，其他的企业无法复制，这样的产品你有兴趣吗？如果这个产品可以让在座的各位迅速赚到50万元，三个月内便可收回加盟成本，这样的企业你想要加盟吗？在这里，你不需要进行过多的管理，管理问题由总部做，你只需管理好销售环节，利润就会源源不断地涌来。通过一个一个的利益点勾起客户的兴趣，达到自己招商的目的。

当客户逐渐被这段话吸引住时，主讲人就要乘胜追击，开启第二波攻势。讲述这个产品既符合行业趋势，又具有广阔的市场空间，投资金额小，见效快，利润空间极大。

当主讲人向客户呈现出上述所有事实状况时，客户基本上已经被你的话语征服了，并且心甘情愿地想要成为你的加盟商，因为你的企业能为他提供的服务别人给不了。

总结也需巧妙设计

在招商路演即将结束时，主讲人可以对前文进行总结，一定要让客户感受到你的产品具备以下优势：

首先，从产品角度着眼。产品可以让客户从使用者变为销售者，它不仅可以为客户在外部赢利，还可以提升客户的自身能力；产品属于新研发产品，推出时间短，市场空间大，没有区域限制；产品具备核心竞争力，其他的产品无可复制，例如：歌星迈克尔·杰克逊，很多人都在模仿他，但却没有人能够完全复制他，因为他无可复制。

其次，从客户利益出发。主讲人要向客户表达出，只要你加入我的团队，我们会即刻为你进行市场培训；同时，我们的产品具有极大的利润空间；我们的产品不需要售后服务或者售后环节少之又少，在管理上能够解决你的大问题。

最后，补充一句，我们的产品属于趋势性产品，有广阔的发展前景。“趋势”产品表达的意思就是：无论趋势产品你喜欢与否，它都会变成你生活的一部分，如手机、电脑等。所以，在趋势面前，我们有两种选择：不是成为趋势的经营者，就是成为趋势的使用者，而我们的产品可以满足你这两方面的需求。通过总结，将所有的利益点展现在招商者眼前，加快成交概率。

企业招商会是对企业产品与企业实力的展示，在招商演说过程中，对企业的要求主要包含两个方面：首先，你的企业要足够有实力，能够通过企业的产品来征服客户；其次，主讲人的演说口才尤为重要。如果主讲人在演说过程中吞吞吐吐，那么即便是再好的产品，也会被降低一个层级，这样会降低客户投资产品的信心。

所以，招商路演对于企业要求极为严格，这也意味着企业在举办招商说明会时，一定要做好充分的准备，这个准备不仅是做出一份招商报告，同时还要进行多番招商演练，最重要的一点是，做好充分的准备等待客户的提问，一个巧妙的回答可以瞬间为企业找来一个大客户。

最后要注意的是，千万不要在招商环节展示出企业的弱项，一旦企业的弱项展现出来，客户就会对企业持怀疑态度，就很难在后期为自己赢得招商成功的机会。

高效的产品发布会

产品发布会虽然与招商会的性质类似，均为吸引客户，实现企业产品营销。但是两者之间依然存在着细微的差别。对于产品发布会来讲，更多的是扩大知名度、开拓市场，吸引商家，因为新产品并没有在市场上进行销售，所以并不存在如招商会中利润指数的展示。那么，产品发布会对企业发展有怎样的作用呢？在产品发布会前应该有何准备呢？发布会该如何展开呢？

一场新产品发布会，是产品第一次与消费者见面的机会。因此，企业必须准确把握好这次产品发布的机会，通过这一次与大众的接触，提升整个产品的知名度，为产品在生产销售环节的展开进行预热。那么，产品发布会的具体环节应包括哪些呢？

发布会的演说流程

产品发布会并非某一个人的简单行为，而是需要整个团队共同努力、互助协作。产品发布会主要包含以下几个环节，它们相辅相成、互为补充。

徐保国在产品发布会上

破冰开场白

由主持人进行开场，主持人的开场不可以过于死板，应以一种轻松的方式来欢迎大家，对重要来宾进行简单介绍，在开篇为大家留下相应悬念，让听众能够聚精会神地继续听下去。当主持人对嘉宾进行基本介绍后，便要请出主办单位的领导，而领导主要介绍的是举办这场会议的大体流程及基本内容，烘托现场气氛，这两个环节可以使听众迅速投入到整个会场的氛围之中，也称为发布会的“破冰开场白”。

受邀嘉宾致辞

这一环节是产品发布会中非常重要的环节，在这一环节，受邀嘉宾的讲话具有承上启下的作用。他既可以顺承活动的基本内容，表示自己很荣幸可以参与到活动中。同时，在活动现场，也可以成为产品的主动宣传者，受邀嘉宾的话可以迅速影响听众的思维，例如：他可以在不经意间对产品进行推广，“这个产品是我见过的最好的一个产品，在这个行业中它是第一个……”。他的话可以让听众带着好奇感来了解你的产品，为后期进行产品展示做了极好的铺垫。

产品展示环节

在产品展示环节，应该由企业最了解该产品的人来进行叙述，同时这个人一定要具备营销精神。在进行产品展示时，可以采用视频的方式，让听众对产品外部包装有一定的画面感，对产品内容有一定了解。在进行产品展示过程中，要对产品的细节进行清晰地描述，配合实物来进行展示，最好能保证每位嘉宾的桌面或者座位上都可以有一份产品宣传单，让每一位嘉宾可以迅速地了解产品大体是什么形式的。

同时，演说者要对产品进行一个基本介绍，这些介绍主要包括：产品的亮点在哪里？市场空间有多大？产品可以为消费者解决什么问题？与同类产品比较的过程中，产品最大的特点及优势是什么？产品的基本售价为多少？未来盈利空间与成本是多少？通过回答这些问题，让你的嘉宾更加清晰地了解产品在市场中的定位，通过对产品内容的基本概述，让客户对产品产生兴趣。

现场互动环节

现场互动环节主要安排在产品发布会之后，目的是为了解决在发布会过程中客户心中困惑的地方。这一环节应由企业领导人或者营销负责人来作答，在回答过程中切忌出现磕巴、迟疑的现象。无论是遇到何种问题都应以一种巧妙的方式来化解，不可以用“不太了解、不知道、我们还没有发展到那个阶段” 等字眼来搪塞对方，这样会降低对方对作答者的信任感。这也要求作答者在前期要做好充分的思想准备，不可对问答互动环节掉以轻心，因为在这一环节中的每一个问题都有可能为企业吸引到客户。这也是发布会的最终目的。

成交客户环节

企业举办产品发布会最终的目的就是希望吸引客户，最终成交产品。所以，最后的成交阶段是一场重头戏。

所以，在产品发布会最关键环节，强调产品价值将是吸引客户的有效武器。任何客户购买产品都会关注产品的价值，如果一个产品对于客户而言，完全没有价值。那么，客户最终会选择放弃该产品。然而，产品的价值该如何表达呢？

首先，表达产品的无可复制性。作为企业的核心技术，一定要具备区别于其他产品的特色，你要征服客户，告诉他为什么你的产品好。

其次，展现产品的价格优势。以两款相同的产品为例。如果一款产品的价格低，一款产品价格高，那么，客户必然会选择价格低的那个。因为，该产品的性价比高。在发布会演说过程中，主讲人可以通过图表的形式，让听众直观地看到你的产品的优势，下定决心购买。

最后，营造听众的紧迫感。在这一环节，一定要让听众感觉到，只有当下购买产品才能获得最好的服务。所以，这就需要产品营销团队动动脑筋，由主讲人来营造气氛。这个服务可以是优惠的价格，也可以是一些附属的产品，这些产品在额外购买之后是没有的，让听众感觉这是一个不容错过的机会，最终实现产品成交。

不可不学的苹果发布会

无论是在乔布斯时代，还是后乔布斯时代，苹果公司的任何动向都会吸引大批人的关注，尤其是苹果产品发布会，它甚至拥有从敲定发布之日起便凝聚所有科技界人员目光的魅力，媒体更是对发布会疯狂追踪，疯狂报道。

苹果公司每举办一次发布会就会引来众人对它进行分析，因而苹果产品一经面试就会促成一群分析师的诞生。苹果的产品在一定程度上保持了乔布斯追求完美的风格，而苹果公司的发布会更是追求完美，从场地设置、会议流程、演说技巧、幻灯片制作等方面都力求做到极致，而乔布斯在每次的产品发布会上都会进行N次彩排，力求让产品效果展现得更好。

苹果现任CEO Tim Cook（蒂姆·库克）在IPad3发布时，大体流程是这样的：库克的风格与乔布斯不太相同，他演说时身穿深色衬衫与牛仔裤。讲述了以下内容：苹果在处理后 PC 时代，一年卖出了 1.72 亿个后 PC装置（如：iPod、iPhone 和 iPad），共占苹果营收的 76%。截止到本次演说，苹果共有 362 家直营店，一年之内便积累了 1.1 亿名访客。仅发布会之前的一个季度便成功卖出 6200 台 IOS 装置，全年卖出 3.15 亿台。

随后，库克向参观者讲述了 IPad 的全新功能，并向在座嘉宾解释产品的性能与功能，准确地描述出苹果产品独有的优势，展示出了产品在市场中极大的竞争力，用数据向消费者直观地展示出苹果高效的摄影功能、高端的处理器功能。通过数据不断地刺激消费者，让消费者有更直观的感受。

库克在苹果发布会上的演说

加之，苹果具有强大的粉丝团队，每当苹果发布新品时，就会引来粉丝纷纷关注，因为苹果强大的技术团队，加之苹果公司的发布会流程简约时尚，让每位参与者都对苹果发布会赞不绝口。苹果发布会的幻灯片主张简约时尚，每张幻灯片都可以清晰表达出产品的诉求，可以是一个关于手机的宣传图片，可以是一个苹果手机拍摄出的图片，通过屏幕的传输给消费者视觉上的冲击，从而达到对产品宣传的作用。

苹果产品与其他产品相比最大的优势就在于，它具有强大的品牌效应及强大的粉丝团队。因此，当它进行产品发布会时不需要邀约其他的名人，因为苹果的CEO就是最好的宣传对象，这是苹果进行宣传的最好途径。同时，苹果的产品可以成为发声的工具，这个在苹果负责人力求完美中产生的产品，成为苹果公司最大的核心竞争力。因此，一个企业一定要拥有核心技术，不断突破，不断创新，只有这样才能长久立足于广阔的市场。

☆

头脑风暴

1. 企业资源杠杆体现为什么?
2. 在招商会中，如何抓住客户的痛点?
3. 优秀招商会的呈现技巧有哪些?
4. 招商演说的几大核心关键?
5. 产品发布会的必备流程有哪些?
6. 产品发布会召开过程中必备的几大流程?
7. 苹果公司是如何做产品发布会的?

后 记

古往今来，演说成就了众多领袖与企业家。演说是人类展现个人魅力的一面镜子。只要灵活地运用演说技巧，便可以通过演说的力量，向外界传递个人强大的影响力。作为一名演说家与演说培训师，我对“演说”一词的理解更为深刻。从业以来，我参与的演说会议高达数千场，受益者近10万人。在演说过程中，我目睹了众多管理者与企业家惧怕演说、惧怕舞台的现象：有人因害怕演说，宣称公司从此不开集体会议；有人不会演说，千里迢迢奔波而来，只为学习证婚词；还有一些人因为不懂得如何在舞台上更好地表现，最终失去了展示自己及企业的好机会。我经常喜欢讲一句话：以麦为剑，天涯为客，做最有情怀的演说家。而我的情怀就是：让所有人都不再惧怕演说，让演说成为每个人最杰出的技能。虽然要完成这件事任重道远，但我愿负重前行！

《演说无界限》这本书，与其说是写出来的，倒不如说是讲出来的。从小学三年级开始，我便开始登台演说，直到大学，依然是演说比赛的常胜将军。大学毕业后，我通过演说的形式进行销售。发展至今，我成为实践家集团的一名专业演说讲师，学习之路历经坎坷，但恰恰是这些艰难赐予我最大的动力。尤其是主讲“演说中国”课程以来，我通过演说的形式帮助更多的人突破演说瓶颈，提升演说技巧，更增强了他们热爱演说的动力。在喜悦之时，我发现还有很多人，由于各种因素，无法参与到“演说中国”的课程中，接受系统的演说培训。于是我将“演说中国”的课程做了系统整理，同时融入了很多演说精华，将它变为一本集系统性、实战性、易操作性于一身的，提升演说技能的实战手册。书中提到的众多演说技巧除了在“演说中国”课程呈现外，从未对外公开，也是希望“演说中国”以另一种方式将演说技巧与演说能量传递给更多热爱演说的人！

当然，演说是一种实操性极强的能力。

我们既不能好高骛远，又不能浅尝辄止。本书并非“包治百病”的“神书”，它需要每位读者按照书上所示范的方法与技巧一步步理解、训练，慢慢坚持，最终必会有所改变。

对于本书的出版，我深感欣慰。这本书囊括了我学习、成长、授课、传播知识的经历。包括本书的出版，也是既承继先贤，又讨教同行。尤其感谢林伟贤老师与易书波老师的指导、鼓励、支持与影响，让我在学习之路上获益良多。书中的大量案例素材也来自于“演说中国”课堂，在这里深深感谢学员们的无私奉献。正是因为有了他们，这本书才能够顺利落地，实实在在地去帮助更多人。

面对书稿，我的心绪如潮，久久不能平息。这本书凝聚了我太多的心血，手捧书稿，犹如注视自己的孩子一般。我相信这本凝聚我个人演说技巧及多年授课经验的心血之作，一定让你有所收获。

演说之门已经打开，演说之路有我陪伴。加油，未来的演说家们！

谢谢！

徐保国